오타니 영어

영어와 메이저리그에
100배 강해지다

다치가와 마사키(太刀川正樹) 著
허진우 譯

(주) 커뮤니케이션**열림**

영어와 메이저리그에 100배 강해지다_**오타니 영어**

초판 1쇄 발행 | 2024년 3월 10일

지은이 | 다치가와 마사키(太刀川正樹)
제작기획 | 정병철 (JBC출판)
번역 | 허진우
교정/교열 | 박지인
표지디자인 | 박철영

펴낸이 | 박철영
펴낸곳 | (주) 커뮤니케이션열림
신고번호 | 제 2018-00033 호(최초 신고일 2006년 12월 8일)
주소 | 인천광역시 서구 가람로 14 요진코아텍 730호
전화 | 032-563-1966 팩스 | 032-561-1966
E-mail | mediadaiso@gmail.com

사진 | Getty Image Korea
인쇄/제본 | (주)DCT

ISBN | 978-89-93849-05-9

값 22,000원

EIGO TO MLB NI 100BAI TSUYOKU NARU OTANI EIGO

오타니 영어

영어와 메이저리그에 100배 강해지다

한국어판 <오타니 영어> 출간을 앞두고

지금 일본은 오타니 열풍(fever)에 불타고 있다. LA다저스 훈련이 시작된 2월 초부터 일본 미디어는 난리다. 미 애리조나 캠프 현지로 엄청난 수의 기자와 카메라맨을 보냈다. 오타니식으로 말하면 "완전히 CRAZY한 상태"다. 일본 방송에서는 매일 적어도 10분 이상 오타니와 관련된 기사를 내보내고 있다. 시즌 전부터 이런 과열 보도는 전대미문이다.

오타니는 2월29일 인스타그램으로 일본 여성과 결혼했다는 충격적인 사실을 밝혀 전 세계를 놀라게 했다. 이 역시 일본 국영방송 NHK 톱뉴스로 다뤄졌다. 전날 시범경기 첫 출전에 첫 홈런을 터뜨려 팬들을 기쁘게 한 오타니 쇼헤이. 그는 어디까지 세계를 놀라게 할까.

〈오타니 영어〉가 일본에서 인기를 끈 건 오로지 오타니 쇼헤이라는 남다른 인성과 웃음을 잃지 않는 얼굴을 보이는 한 명의 선수에게 독자가 공감했기 때문이다.

오타니는 이와테현이라는 시골 벽촌에서 세계 제일을 목표로 했다. 오타니 쇼헤이의 승부욕과 야구소년(BASEBALL KID)의 자세가 일본인의 공감을 부르고 있다. 팀 승리를 위해 자존심을 버리고 세이프티 번트로라도 하겠다는 필사적인 자세가 사람들을 뜨겁게 만들었다. 지난해 3월 월드베이스볼클래식(WORLD BASEBALL CLASSIC) 결승전을 앞두고 로커룸에서 "(미국을) 선망하지 말자!"라고 호소했다. 그가 말한 영어 문구 "THROW AWAY ADMIRATION"은 일본에서 유행어가 됐다. 이 책은 영어교재라기보다 오타니 쇼헤이라는 한 명의 운동선수를 영어 문구로 표현한 일종의 에세이집이라고 할 수 있다. 한국 독자들도 오타니 쇼헤이의 삶의 방식에 더 뜨거워졌으면 한다.

2024년 3월

다치가와 마사키

들어가면서

오타니 쇼헤이(29)가 23년 11월16일(미국시간) 미국프로야구 메이저리그(MLB) 23시즌 아메리칸리그(AL) 최우수선수(the Most Valuable Player·MVP)로 선정됐다. 21시즌에 이어 두 번째 만장일치 수상이다. 두 차례나 만장일치로 MVP가 된 건 MLB 역사상 최초다.

오타니는 최근 3년간 MLB 화제의 중심이었다. 오타니는 투타겸업 이도류 선수(two way player)로 성적이나 인성 모두 뛰어난 모습을 보였다. 특히 오타니는 항상 웃는 얼굴을 하고 있는데, 그 모습이 세계인들의 가슴을 울린 것은 아니었을까.

필자가 본고를 쓰게 된 계기는 미국 현지 실황 중계에서 아나운서가 흥분한 듯 빠른 영어로 오타니의 활약을 전하는 장면을 보던 중 부지불식간에 오타니 쇼헤이의 세계에 빠져들었던 개인적인 경험 때문이다.

"going! going! Gone!(갑니다! 갑니다! 갔습니다!)"이라고 절규하는 듯한 아나운서의 코멘트(comment), 오타니 쇼헤이의 일거수일투족을 전하는 미국 뉴스 문구 등을 살펴보는 가운데 그의 인간성을 응축한 〈오타니 영어 어록집〉이 만들어졌다.

초등학교 시절 도쿄 나카노역 북쪽 출구 상가 뒷골목에서 친구들과 캐치볼을 하거나 전신주를 베이스로 삼아 놀던 야구소년의 영혼이 되살아나는 느낌이 들었다.

필자는 80년대 중반부터 2009년까지 15년여 동안 미국 뉴욕을 거점으로 취재활동을 해왔다. 두 번째 미국 특파원 시절이던 2001년 9월11일에는 뉴욕에서 동시다발적으로 일어난 테러사건을 목격했다. 뉴욕 양키스와 뉴욕 메츠의 시즌 출입기자(SEASON PASS)로 약 5년간 마쓰이 히데키(당시 양키스)와 신조 쓰요시(당시 메츠)를 취재했다.

2007년 4월에는 보스턴 펜웨이파크에서 레드삭스 유니폼을 입은 마쓰자카 다이스케의 MLB 데뷔 경기도 봤다. 당시는 기자석에 있어도 현지 아나운서와 기자가 일본어로 말하는 일은 없었다.

지금은 어떤가. 현지 아나운서가 홈런을 칠 때마다 “무네큥(ムネキュンです·기쁨이나 기대로 설레는 감정을 나타내는 말)”이라고 이상한 일본어를 외치는 게 일상이 됐다. 오타니 쇼헤이의 영향력이 그만큼 대단하다.

미국 팬들은 오타니 쇼헤이를 ‘G.O.A.T.(Greatest Of All Time·사상 최고의 남자)’라고 극찬한다. 또 ‘down to earth person(털털한 남자)’이라는 친절한 표현을 쓰기도 한다. 그만큼 미국 국민에게 사랑받고 있는 일본인 선수는 없다. 일본 외무성 외교관보다 100배 더 뛰어난 우수한 외교관이다.

특히 인상적인 점은 오타니의 야구에 대한 열정이다. 잊지 못할 장면이 2023년 3월 열린 월드베이스볼클래식(WBC) 8강 이탈리아와의 경기에서 나왔다. 0-0이던 3회말 1사 1루에서 타석에 선 오타니는 초구에서 기습 번트로 안타를 기록하며 경기 흐름을 일본 쪽으로 끌어왔다. 경기 후 일본대표팀 구리야마 히데키 감독은 “야구소년(baseball kid), 오타니 쇼헤이”라고 했다. 그는 “(오타니가) ‘이 경기는 꼭 이기기 위해 플레이한다’는 야구소년(의 마음)이 됐다. 이런 부분에서 그의 훌륭함을 알 수 있다”라고 추켜세웠다. WBC 결승 미국과의 경기를 앞두고 동료에게 “(미국팀을) 선망하지 말자!(throw away admiration!)”고 파이팅을 전했을 때도 뜨거웠다.

이 책은 오타니 쇼헤이라는 선수가 미국 국민, 미디어, MLB 관계자, 선수들에게 어떻게 지지를 받는지, 평가되는지를 영어 문구와 함께 소개하고 쉽게 해설한 것이다. 야구에 관심 없는 독자라도 충분히 즐길 수 있게 최대한 난해한 문구는 피했다. 오타니의 미소를 제일 좋아하는 독자들도 그의 또 다른 매력을 읽을 수 있는 ‘오타니 참고서’로 권하고 싶다. 부모가 자녀들과 함께 읽으며 캐치볼을 하는 것처럼 마음을 주고받는 즐거움을 가질 수 있으면 좋겠다.

(이 책에 등장한 문구는 2022년 9월부터 2023년 10월까지 약 14개월간 <니칸겐다이> 지면에 소개한 것을 중심으로 대폭 가필 정정했다.)

2023년 11월22일

역자의 말

〈오타니 영어〉를 보다 문득 한국인 첫 메이지리거 박찬호가 떠올랐다. 정확히 말하면 박찬호의 허벅다리다. 2009년 4월11일(현지시간) 미국 덴버의 쿠어스필드 로커룸에서 박찬호를 인터뷰할 기회가 있었다. 필라델피아 필리스 선발투수로 등판을 예정한 박찬호는 수건 한 장 걸친 채 로커 앞에 서, 역자와 이야기를 나눴다. 그때 역자의 시선을 끈 건 박찬호의 허벅다리였다. 올록볼록한 근육으로 가득 찬 울퉁불퉁한 허벅다리가 인상적이었다. 당시 박찬호 나이는 서른다섯. 로커룸 중앙에서는 팀 간판타자 라이언 하워드(내셔널리그 06시즌 신인왕/07시즌 MVP)가 탄력 넘치는 육체를 과시하고 있었지만, 허벅다리만은 박찬호가 더 굵어 보였다.

스포츠 세계 최고의 무대에서 정점에 선다는 것은 단지 재능만으로는 불가능하다. 재능만으로 노크야 할 수 있겠지만 오랜 기간 활약하려면 재능을 넘어서는 땀과 노력이 있어야 한다. 박찬호와 하워드 중 누가 더 뛰어난 재능을 갖고 있는지 알 수 없다. 하지만 그 허벅다리를 만들어낸 박찬호가 땀과 노력에 있어서는 단연코 우위라고 확신한다.

오타니 쇼헤이 역시 그랬을 것이다. 오타니는 현재 세계 야구계의 정점에 서 있는 선수다. 전무후무한 선수다. 라이브볼 시대(live-ball era)에 투타겸업이라니. 진짜 만화에서나 볼 수 있는 캐릭터다. 오타니는 분명 재능이 충만한 선수일 것이다. 하지만 단지 재능만 믿었다면 오타니는 지금 그 자리에 서 있지 못했을 것이다. 오타니는 재능이 무색해질 정도로 끊임없는 노력에 노력을 더해왔고, 다른 사람이 가지 않은 길을 걷기 위해 수많은 시행착오를 거쳐 자신만의 노하우를 쌓아 왔을 것이다. 그러면서도 여유를 잃지 않고 마음을 다스리며 항상 미소 가득한 얼굴로 벽을 무너뜨리고 지나갔을 것이다.

〈오타니 영어〉에서는 오타니를 칭송하는 수많은 영어 문장을 만날 수 있다. 그 문장들을 곱씹다 보면 왜 오타니가 칭송받는지 알 수 있는 단서들을 확인할 수 있다. 목표를 정하고, 그 목표에 도달하기 위해 오타니가 어떤 생각을 했으며, 어떻게 했을까를 추리해보는 재미도 있다.

우리의 삶도 그렇다. 우리 모두 목표를 정하고 그 목표를 위해 노력한다. 시작부터 좋을 수는 없다. 오타니도 메이저리그 진출 첫 3년 동안은 적응에 더 힘을 쏟았다. 다만 오타니는 도중에 포기하거나 목표를 축소 수정하지 않고 끊임없이 경주했고, 목표에 한 걸음씩 다가갔다.

이 책을 통해 작은 목표가 하나 생겼다. 오타니가 마운드에서 던지고 다음 이닝 타석에 들어서 타격하는 모습을 현장에서 보고 싶다는 목표다. 25시즌 다저스타디움에서 오타니 선발 경기를 보기 위해 올 한해 달려가야겠다. 독자분들도 올 한해 목표 삼은 일이 성취되길 소망한다.

〈오타니 영어〉 한국판은 되도록 원문 뉘앙스를 살리고자 했다. 이해를 돕기 위해 메이저리그 기록과 계약 등과 관련된 정보를 조금 추가했다.

"(새로운 일에) 도전하라"는 채찍질로 기자 시절 전투력을 다시 끌어올리게 해주신 정병철 선배에게 감사한다. 일어와 영어 번역의 디테일을 잡아준 훈구형과 민성, 재영에게 감사함을 전한다. 사랑하는 아내 재경과 아들 승범. 부모님과 우리 가족에게 항상 감사하다.

허진우 전 중앙일보 야구팀장

사진기자가 본 오타니 쇼헤이

'7억 달러의 사나이', '베이브 루스의 환생', '투타겸업 이도류', '100년에 한 번 나올까?', 'MLB의 G.O.A.T(Greatest Of All Time)'. 온갖 수식어가 붙은 메이저리그(MLB) LA다저스 오타니 쇼헤이(Ohtani Shohei).

외유내강(外柔內剛)! 외강내유(外剛內柔)! 이 두 개의 사자성어로 그를 바라보는 사진기자의 시각을 결론 내리고 싶다. 이번 국내 출간되는 〈오타니 영어〉 책 표지의 사진 속 그의 반려견 '데코핀'을 안고 있는 모습은 가식 없는 친근함과 순수성을 느끼게 한다.

국내 팬 뇌리에 박힌 2015년 11월 일본에서 열린 WBSC 프리미어12 준결승 당시 한국 대표팀 타자들을 압도한 '괴물' 투구 속 표정에서 그의 내적 강인함과 냉철함을 읽을 수 있었다.

오타니는 단 한 장의 멋진 장면에 목매달지 않는 전체가 다양하고 강렬한 이미지 그 자체다.

오타니 사진은 스포츠 사진의 기존 틀을 뒤집는 파격과 과감성, 기발한 착상, 그 선수의 평범하면서 인간미를 더해주는 여백을 파고들고 있다. 스포츠 사진은 찰나의 한 컷이다. 결정적인 한 컷, 구도와 빛에 승부를 건 사진들이 아니라 한 찰나에서 결정체를 이끄는 것이다.

이 책에 수록된 사진은 오타니의 일상과 평범함에서 나오는 선수의 모습이다. 책 한 장 한 장에 담겨 있는 사진은 감상하기 좋은 작품이다. 예술작품 사진은 그 사진에 대한 해석이 제각각이지만 오타니 사진은 그런 의문점을 한 방에 날려버렸다. 책에 실린 사진을 글과 함께 읽어 내려갈 때 사진 속으로 흡입된다.

가만히 사진 속 장면이나 전후 상황을 추리해보는 것도 이 책을 읽는 또 다른 즐거움이 될 것이다. 야구를 사랑하는 오타니, 프로선수의 장벽을 뛰어넘으며 애완견과 일상을 보내는 모습, 결국 연습에 따른 땀이 오늘날 오타니를 있게 했다는 그 존재감. 오타니 사진과 글이 한국판으로 발간되어 팬들을 만난다는 것은 분명 설렘이다.

요즘 전 세계 야구 유망주들에게 오타니 따라 하기 열풍이 불고 있다. 오타니식 훈련방식, 몸관리, 영어공부, 멘탈, 행동, 사생활 등 '나도 오타니처럼 되고 싶다'라고….

지난해 LA다저스와 10년 총 7억 달러(약 9303억 원)에 계약한 오타니를 오늘에 있게 한 여건은 무엇일까! 그의 실력·인성·감성·매너·멘탈·액션·사생활·몸관리·감정 표출 등이 있지만 늘 환한 미소를 짓는 그의 사진은 인성과 결합된다.

오타니 쇼헤이의 쓰레기 줍기 일화 "다른 사람의 버린 운을 줍는다"를 생각하며.

2024년 3월 봄 내음이 물씬 풍기는 작업실에서.

이호형 전 일간스포츠 사진부장

LESSON 1

High five

하이파이브

MLB 사상 첫 쾌거

23년 11월16일(미국시간) 오타니 쇼헤이가 23시즌 미국프로야구 메이저리그 베이스볼(MLB) 아메리칸리그(AL) 최우수선수(MVP)가 됐다. 만장일치(unanimous). 오타니가 MVP가 된 것은 21시즌에 이어 두 번째. 만장일치로 두 차례 MVP가 된 것은 MLB 사상 최초의 일이다.

오타니는 23시즌 타자로 타율 3할4리 44홈런 95타점 20도루를, 투수로 132이닝을 소화하며 10승 5패 평균자책점 3.14 탈삼진 167개를 각각 기록했다.

MVP 발표 뒤 화제가 된 것은 오타니 옆에 쪼그려 앉아 있던 반려견(puppy)이었다. MLB 공식 홈페이지에도 "진짜 MVP는 그 반려견"이라는 등의 댓글이 달렸다. 미디어에 따르면 오타니의 반려견은 코이켈 혼디에라는 종이다. 네덜란드가 원산지인 중형 사냥개다. 1세 미만의 수컷으로 이름은 데코핀(dekopin)이다.

메이저리그 레전드 레지 잭슨의 입에서 오타니 쇼헤이의 이름이 나오자 오타니는 왼손으로 데코핀의 왼쪽 앞발과 맞대었다.

high five.
하이파이브.

그 순간 데코핀이 오타니의 얼굴을 넋을 잃은 눈으로 바라보고 있었던 것이 인상적이었다. 오타니를 믿고 있었다는 듯한 표정이었다.

오타니는 애견인이다. 일본프로야구 니혼햄 파이터스 시절에는 골든 리트리버와 함께했다. 초등학교 1학년 때부터 함께한 반려견 '에이스'다. 2017년 미국 진출 전 에이스가 죽었을 때는 "에이스에게 감사하다"라고 코멘트를 남겼을 정도다.

MLB의 X(트위터)에는 이런 글도 달렸다.

Ohtani's popularity has extended to dogs.
오타니 인기가 반려견들의 세계에까지 퍼지고 있다.

(23년 11월18일)

LESSON 2

First pitch, full swing(That's it)

초구에 풀스윙, 그것뿐

약속을 지킨 오타니

오타니 쇼헤이는 22년 7월19일 LA 다저스타디움에서 열린 올스타 경기에 출장했다. 타석에 들어서기 전 〈FOX NEWS〉와 인터뷰했는데 이렇게 말했다.

First pitch, full swing, That's it.
초구에 풀스윙, 그것뿐.

그리고 약속대로(true to his words) LA다저스 클레이튼 커쇼의 시속 91마일(약 146㎞)짜리 초구 패스트볼을 받아쳐 중전안타를 기록했다. 현지 미디어는 "오타니가 약속을 지켰다"고 추켜세웠다.

이후 오타니는 기자와의 인터뷰에서 "구종이 무엇이든, 어디로 날아오든 초구를 치기로 결정했다(I was definitely swinging, 100 percent)"라고 말했다. 올스타 경기 전까지 오타니는 커쇼와의 역대 상대 전적에서 8타수 무안타로 열세였다.

올스타 역사에서 초구 안타 기록은 역대 세 번째다. 1986년 커비 퍼켓(미네소타 트윈스)이 최초. 다음은 2013년 마이크 트라웃(에인절스)이다.

커쇼는 이 상황을 두고 "올스타전 초구로 커브나 싱커 같은 변화구(breaking pitch)를 던지는 것은 어울리지 않는다고 생각했다"고 답했다.

재미있는 장면이 그다음에 이어졌다. 오타니가 1루 베이스에서 커쇼의 견제에 걸린 것이다.

I was not expecting that, I guess my name is going to be in the papers, whether it's good or bad.
견제는 전혀 생각하지 못했다. 좋든 나쁘든 내 이름이 신문에 실릴 것이다.

경기 직후 오타니 쇼헤이의 코멘트다.

(22년 9월3일)

LESSON 3

Get out of here!

거짓말이지? 믿을 수 없어!

오타니 쇼헤이는 어디까지 진화하는 것일까

22년 8월31일 뉴욕 양키즈와의 경기. 오타니는 양키스 에이스 게릿 콜에게 역전 3점 홈런을 때려냈다. 시즌 30호. 타구는 MVP 경쟁자인 외야수 애런 저지의 머리 위를 넘어 백스크린으로 향했다. 그 순간 현지 아나운서가 외쳤다.

Get out of here!
믿을 수 없어!

보통 '여기서 나가!'라는 의미지만 '진짜!' '정말이야!' '믿을 수 없어!'라는 슬랭(slang·사전에 등록된 말이 아닌 실생활에서 사람들끼리 자주 쓰는 은어 같은 말)으로 쓰이기도 한다. 있을 수 없는 일이 일어났을 때 쓰이는 데 오타니 경기 중계에서 자주 들을 수 있다.

아나운서는 또 "오하이오 고자이마스(おはようございます)! 양키스!"라고 일본어로 외쳤다. 오타니가 홈런으로 "안녕! 양키스!"라고 인사한다는 의미를 전하고 싶은 모양이었다. 다른 채널에서도 "스고이(スゴイ·대단해), 쇼헤이" "큥데스(キュンです·'심장이 두근했다'라는 의미로 기쁨이나 기대로 설레는 감정을 나타내는 말)"라고 누가 가르쳤는지 모를 일본어로 소리쳤다.

필자는 2000년대 초반 뉴욕에서 특파원 생활을 하면서 약 5년간 양키스와 메츠의 연간 출입증을 목에 걸고 마쓰이 히데키(양키스)와 신조 쓰요시(메츠)를 취재했다. 당시는 현지 아나운서나 리포터가 일본어로 말하는 걸 듣지 못했다. 오타니가 투타겸업 이도류(two way player) 활약을 펼치면서 미 스포츠 기자들도 경쟁적으로 일본 단어를 쓰고 있다.

노모 히데오가 1995년 LA다저스에서 MLB에 데뷔했을 때 'NOMO MANIA(노모 마니아)'라는 말이 생겨났다. 'SANSHIN(삼진)'이라는 일본 야구용어가 미국 신문 헤드라인에 쓰이기도 했다. 메이저리그에서 등장한 첫 일본어였다.

(22년 9월14일)

LESSON 4

Baseballing monk

야구 구도자

뛰어난 피지컬 그 이상

Baseballing monk.
야구 구도자

〈NIKKEI ASIA〉 영문판이 오타니 쇼헤이를 표현한 단어다. 오타니를 두고 'purist warrior monk(타협하지 않는 순수한 (야구) 구도자)'라고 표현하는 언론도 있었다.

〈NIKKEI ASIA〉에 따르면 오타니의 야구는 과학과 예술이 공존한다. 오타니는 뛰어난 피지컬과 함께 깊이 생각하는 힘을 가진 남자(thinking man)라는 것이다. '일본을 대표하는 작가 무라카미 하루키에게 오타니 쇼헤이의 논픽션을 쓰게 하라'는 오타니 팬의 목소리도 소개했다.

21년 LA에인절스 조 매든 감독은 "쇼헤이를 보면 칼 립켄 주니어(전 볼티모어 오리올스)의 기록이 얼마나 훌륭했는지를 이해할 수 있다"고 인터뷰했다. '철인'으로 불린 칼 립켄 주니어는 메이저리그 최다인 2632경기 연속 경기 출장 기록을 세웠다.

매든 감독은 또 "칼 립켄 주니어처럼 쇼헤이에게 모든 것은 경쟁(competition)이자 (즐거움을 주는) 게임(game)"이라며 "쇼헤이가 짜증을 낸다거나 집중하지 않는다거나 하는 모습을 본 적이 없다"고 설명했다. monk란 세속을 떠나 수도원 등에서 생활하는 남성이다.

MLB 선수 중 많은 이들이 더그아웃 뒤 통로 근처 쓰레기통을 배트로 때리곤 한다. 순간 치밀어오르는 화를 푸는 방식 중 하나. 오타니 쇼헤이도 그럴까. 에인절스 타격코치인 제레미 리드는 현지 기자의 질문에 이렇게 말했다.

He is good at it, too.
쇼헤이 역시 그게 특기야.

(22년 9월15일)

LESSON 5

What a nasty pitch!

얼마나 지저분한 공인가!

오타니의 품위 있는 태도

22년 9월5일 디트로이트 타이거스와의 홈경기. 오타니는 코디 클레멘스가 던진 시속 110㎞짜리 느린공에 타이밍을 잃고 삼진을 당했다.

코디는 사이영상을 일곱 차례 수상한 로저 클레멘스의 둘째 아들이다. 내야수 겸 외야수로 유틸리티 자원인데 이날 경기가 일찍 승부가 결정되며(one-sided game) 0-9로 지고 있던 8회말 MOP-UP(패전 처리)으로 마운드에 올랐다. 코디의 시즌 6번째 등판. 점수 차가 큰 경기에서 야수가 투수를 대신해 등판하는 것은 MLB에서 종종 있는 일이다.

코디는 1사 1루에서 타석에 선 오타니를 삼진으로 잡아냈다. 코디의 개인 첫 탈삼진(오타니는 이날 이전 타석까지 2홈런 포함 3안타 3타점을 기록 중).

코디는 삼진 기념구를 로커에 보관했고, 다음날 현장 스탭을 통해 오타니에게 사인을 요청했다. 돌아온 공에는 메시지가 곁들여져 있었다.

What a nasty pitch!
얼마나 지저분한 공인가!

nasty란 '불편한' '끔찍한' '비열한' '심술궂은' ‘형편없는’ ‘못된’ ‘고약한’ ‘위험한’ ‘험악한’ 등의 뜻을 가진 형용사다. 예를 들어 nasty guy는 ‘못된 놈이야!’를 의미하고 nasty weather는 ‘궂은 날씨’를 가리킨다. 어쨌든 사람들이 좋은 의미로 하는 말은 아니다.

그러나 사인볼을 받은 코디는 nasty라고 쓰여 있음에도 매우 기뻐했다고 한다. 타이거스 A.J. 힌치 감독도 “코디가 행복할 것이다. (센스있는 문구에) 아주 감동했다. 코디에게 일생에 남는 추억이 될 것이다”라고 오타니의 품위 있는 태도(class)를 칭찬했다.

110㎞짜리 투구를 nasty라고 평한 오타니의 위트있는 메시지가 더해진 그 공은 코디에게 잊을 수 없는 1구가 됐을 것이다.

(22년 9월16일)

LESSON 6

Let's Shohei be Shohei

쇼헤이는 쇼헤이답게

상식을 초월한 계획

Let's Shohei be Shohei.
쇼헤이는 쇼헤이답게

에인절스가 오타니의 본격적인 투타겸업 이도류 기용 계획을 발표할 때 나온 첫 문구다.

오타니가 미국에 진출한 것은 MLB 최초의 투타겸업 선수가 되기 위해서였다. 처음 3년 동안은 토미 존 수술을 받거나 무릎에 메스를 대는 등 많은 경기를 뛰지 못했다. 경기 출장수도 관리되면서 타자로서도 투수로서도 어중간한 시즌을 보냈다. '파트타임 타자'이자 '파트타임 투수'였다.

20시즌 뒤 본격 투타겸업이 시작됐다. 에인절스 지휘봉을 잡은 조 매든 감독과 새로 취임한 페리 미나시안 단장이 21시즌 계획으로 '오타니에게 가능한 한 많이 던질 기회를 주는 한편 타자로도 매일 출장시키는 것'을 결정했다.

Let's let him be an athlete.
경기 출장을 원하는 대로 하게 한다.

22시즌 매든 감독은 매번 오타니에게 (타석에 설 것인지를) 물었다. 특히 등판 다음 날 더 꼼꼼히 챙겼다. 그는 "오타니가 Yes하면 Yes. No하면 No"라고 오타니 의사를 존중했다.

(22년 9월20일)

LESSON 7

Bad idea on my part

우리에게 좋지 않다

오타니 룰의 발안자

MLB 사무국은 21시즌 올스타 경기에 앞서 '선발투수가 강판돼도 지명타자(DH)로 타석에 설 수 있다'는 이른바 '오타니 룰'을 채택했다. 발안자는 탬파베이 레이스 케빈 캐시 감독. 올스타전에서 오타니를 1번 DH 겸 투수로 기용해 룰 도입의 길을 닦았다.

그런 캐시 감독이 22년 5월9일 에인절스와의 경기에 앞서 취재진에게 농담 반, 진담 반 자책하는 말투로 모두를 웃겼다.

"Bad idea on my part."

우리에게 좋지 않은 생각이었어.

on my part는 '우리 측' '우리 쪽'을 뜻한다. 상대편을 지칭할 때에는 the other part, 또는 opponent라고 한다. part는 '부품' '(전체의) 일부' '(중요한) 부분'을 의미하는 것 외에 '진영(팀)'이나 '자기편'을 가리킨다.

쓰임은 다양하다. take part in은 '관여하다' '참가하다'를 의미한다. baseball is a part of his life는 '야구는 그의 인생에 있어서 불가결한 요소다'가 된다. part payment는 '할부'. part time job은 일부의 시간에 일하는 '아르바이트'라는 의미다.

idea의 사용법도 다양하다. "That's (good) idea"라고 하면 good이 없어도 "좋은 생각이네"가 된다. 회사 동료가 "Shall we have drink this evening(저녁에 한잔하자)"이라고 권했을 경우 "That's not bad idea"라고 말하면 "좋아"가 된다. 거절인 경우 "Thank you, but I have other commitment"라고 약간 과장을 섞어 사양할 수 있다. commitment는 '(책임있는) 약속'.

(22년 9월28일)

LESSON 8

What's up?

(상태·상황 등이) 어때?

이치로가 팬의 마음을 사로잡은 말

스즈키 이치로(시애틀 매리너스)가 구장에서 오타니와 만날 때마다 이렇게 인사한다고 한다.

"What's up?"
어때?

평소 이치로가 자주 쓰는 말이라고 한다. 정확히는 "what is up?"이나 대부분 생략형으로 쓰인다. 친구 등 가깝고 편한 사이끼리 쓰는 경우가 많다. 상대 대답을 기대하지 않을 때도 사용된다. "What's wrong?"은 "무슨 일 있어?"라든가 "뭔가 나쁜 일이 있어?"로 걱정할 때 쓰인다.

이치로는 22년 8월27일 열린 구단 명예의 전당 헌액 기념식에서도 "What's up? Seattle!"이라고 했다.

이치로가 이 문구를 처음 쓰려고 한 것은 2009년 여름이다. 미국 미주리 세인트루이스에서 열린 올스타 경기에 시구자로 나서는 버락 오바마 미국 대통령이 경기 전 클럽 하우스를 찾았다. 이치로는 오바마 대통령과 인사할 때 가볍게 "What's up?"이라고 하려 했지만 실제로는 "Nice to meet you, sir"이라고 했다고 한다. 나중에 이치로는 오바마 대통령의 강한 아우라에 눌려 그렇게 할 수밖에 없었다고 고백했다.

대신 이치로는 몰래 준비한 공을 일부러 바닥에 떨어뜨린 뒤 주워 오바마 대통령에게 사인을 받았다고 한다. 미국에서는 대통령에게 사인을 요청하는 것이 금지돼 있어 기지를 발휘한 것이다.

지금 이치로가 오타니에게 "What's up?"이라고 하면 오타니는 뭐라고 할까.

(2022년 10월5일)

LESSON 9

He has best command and control

뛰어난 지휘 통제 능력을 가진 남자

지휘관 자질도?

22년 9월29일 오클랜드 애슬레틱스와의 경기. 오타니는 8회 2사까지 노히트 노런 중이었다. 하지만 애슬레틱스 코너 카펠의 타구가 유격수 리반 소토의 글러브를 맞고 안타가 되며 기록이 깨졌다.

이때 오타니의 행동이 화제를 모았다. 오타니는 하늘을 쳐다보거나 큰 행동으로 아쉬움을 표출하지 않았다. 오히려 상심한(bummed) 표정의 소토와 포수 맥스 스터시를 향해 미소를 건넨 뒤 (다른 것을 보지 말고) 눈앞의 일에 집중하자는 제스처를 해 보였다.

실망한 팀 동료를 격려하는 냉정한 태도를 보고 휴스턴 애스트로스 더스티 베이커 감독은 이렇게 평했다.

"He has best command and control."

오타니는 뛰어난 지휘 통제 능력을 가진 남자다.

베이커 감독은 이어 "He is some athlete(그는 대단한 선수)"라고 에인절스 담당 기자(beat reporter)들에게 말했다.

some은 '몇 가지'라는 의미 외에 '상당한' '무언가를 가지고 있는'의 의미가 있다. command and control은 컴퓨터 용어이기도 하고, 군사용어이기도 하다. '지휘 통제'를 관장하는 능력을 갖추고 있음을 뜻한다. command는 '명령하는' '자제하는' '모으다'로 in command of라고 해도 된다. '~의 지휘권을 가지다'를 의미하는 commander-in-chief라고 하면 최고사령관.

베이커 감독의 아버지는 캘리포니아 노턴 공군기지 기술 부문에서 일하던 군사 전문가다. 베이커 감독은 서로 다른 5개 구단을 지구 우승으로 이끈 명장이다(22시즌 월드시리즈 우승). 군사 지식도 풍부한 전략가인 베이커 감독은 오타니를 단지 투타겸업 선수로만이 아닌 지휘관으로서의 자질도 있는 선수라고 기억할 것이다.

(22년 10월5일)

LESSON 10

Rain down the chant of MVP!

"MVP!" 콜이 울려 퍼지다

팬들의 간절한 기도

22년 10월1일 텍사스 레인저스와의 홈경기 전 에인절스 구단 자체 시상식이 열렸다. 오타니 쇼헤이는 팀 MVP와 팀 최우수투수상(닉 아덴하트상)을 받았다. 2년 연속 수상.

에인절스 최우수투수상 명칭의 주인공 닉 아덴하트는 2009년 4월8일 등판 후 사고사한 에인절스의 젊은 투수다. 불의의 사고로 목숨을 잃은 그를 애도하며 이름 붙여졌다.

그해 에인절스는 지구 우승을 차지해 포스트시즌을 치렀다. 아쉽게 AL 챔피언십 시리즈에서 양키스에 패했다. 선수들은 플레이오프 배당금(1인당 약 14만 달러)을 아덴하트와도 나눴다. 상금은 아덴하트 유족에게 전달됐다.

시상식 동안 경기장에는 팬들의 "MVP!" 합창이 울려 퍼졌다. 미 미디어는 이 모습을 두고 다음과 같은 문구를 사용했다.

Anaheim crowd rained down chants of "MVP! MVP!"
애너하임 관중이 "MVP! MVP!" 콜을 연호했다.

rain down은 '(말이) 비처럼 쏟아지다'를 뜻한다. chant는 '구호' '성가' '영창하다' '성가를 부르다' '기도문을 읊조리다' '선율을 붙여 노래하다'를 뜻하는 명사이자 동사다.

'노래하다'에는 sing도 있지만, 경기장 전체에 울려 퍼진다는 뉘앙스에서 chant가 어울리는 것 같다. "rained down chants of MVP! MVP!"라는 문구가 오타니가 꼭 MVP가 됐으면 하는, 기도와 같은 call(호소)이 울려 퍼지는 현장감을 전한다.

(22년 10월7일)

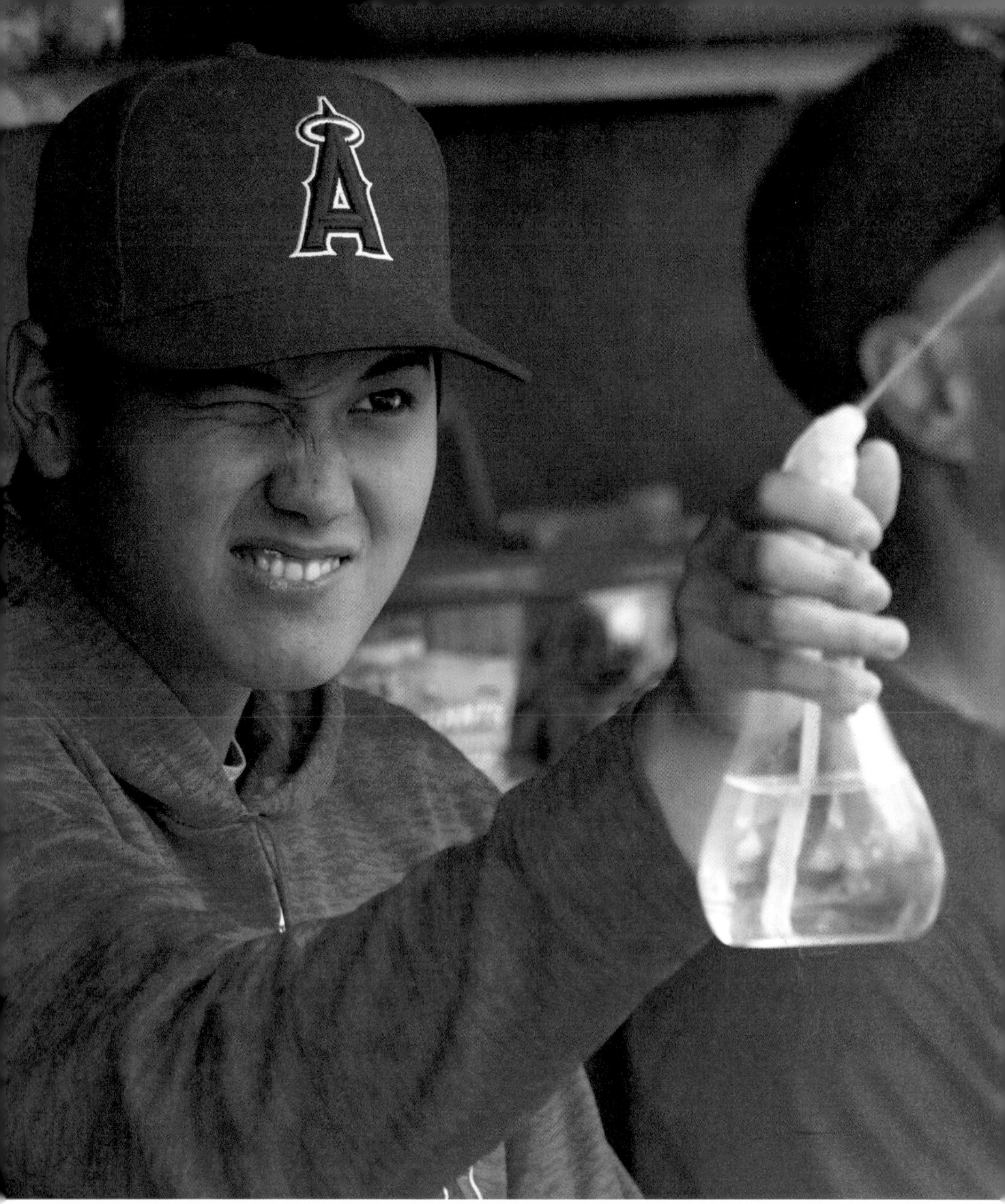

LESSON 11

What's next?

다음은?

트럼프 인터뷰의 추억

22시즌이 끝나자 미 매체 〈Sporting News〉와 스포츠 채널 〈ESPN〉은 오타니 쇼헤이의 기록을 다룬 기사 헤드라인을 이렇게 뽑았다.

What's next?
다음은?

오타니는 22시즌 투수로 15승 9패 평균자책점 2.33 219탈삼진을, 타자로 타율 2할7푼3리 34홈런 95타점을 기록했다. 데뷔 첫 두 자릿수 승리와 2점대 평균자책점, 200 플러스 탈삼진으로 리그를 대표하는 투수로 자리매김한 시즌이었다. 헤드라인에는 “쇼헤이는 도대체 다음엔 무엇을 보여줄까?”라는 기대가 담겨 있다.

같은 의미로는 What comes next?(다음은 어떻게 될까?)가 있다. 다른 쓰임으로는 Next please!(다음 분!). 줄 선 사람들에게 주문을 받을 때나 백신 접종을 기다리고 있는 이에게 말을 걸 때 사용할 수 있다.

이 문구는 한 미국인 사업가도 자주 쓴다. 바로 도널드 트럼프 전 미국 대통령이다. 필자가 1984년 중반 당시 ‘부동산 왕’으로 불린 도널드 트럼프를 맨해튼 사무실에서 인터뷰했을 때 일이다. 5번가 티파니 보석점 옆에 있는 트럼프 타워 사무실에서 트럼프는 질문에 답할 때마다 “What's next?”라고 덧붙이며 질문을 재촉했다.

‘빨리 인터뷰를 끝내고 우리를 쫓아내고 싶은가’하는 생각도 들었다. 그건 아니었다. 30분 안팎 인터뷰 뒤 창가에서 마천루를 배경으로 한 카메라 촬영을 마치자 트럼프는 사무실로 한 여성을 들였다. 이어 “My Wife(내 아내요)”라고 소개했다.

그 여성은 영부인이 된 멜라니아 여사(2005년 결혼)가 아니라 첫 번째 부인(이바나 트럼프)이었다. 그녀는 2022년 7월 사망했다. 딸 이방카 트럼프(트럼프 행정부 시절 보좌관)의 친모다.

트럼프와 인터뷰에서 What's next?를 쓰며 대화의 주도권을 잡는 방법을 배웠다.

(22년 10월10일)

LESSON 12

Don't do that to me

나한테는 하지 말아줘!

오타니의 유쾌한 농담

22시즌 최종 등판을 하루 앞둔 10월4일 오타니는 오클랜드 애슬레틱스 원정 경기를 치렀다. 3회 초 타석에서 몸에 맞는 공(hit by pitch)으로 1루를 밟았다. 오른쪽 팔이 공에 맞자 "우오!"하고 외치며 아픈 듯 웅크린 오타니는 걱정스러운 듯 달려온 팀 동료들을 뒤로 한 채 일어나 1루 베이스로 향했다.

베이스에 자리한 오타니가 애슬레틱스 1루수 세스 브라운에게 장난스러운 미소로 말을 걸었다. 이 장면을 미국 투구분석가 롭 프리드먼이 분석한 뒤 자막을 단 영상을 트위터에 올렸다. 그에 따르면 오타니가 "Tomorrow(내일)"라고 말을 걸자 브라운이 답했다.

"Don't do that to me."
나에게는 하지 말아줘!

오타니가 브라운에게 '내일 등판에서 (네게) 몸에 맞는 공을 던질 거야'라는 농담을 한 것으로 보인다.

미국 〈USA TODAY〉의 계열사 〈FOR THE WIN〉은 오타니의 "Tomorrow"를 두고 "Hilarious threat(유쾌한 위협)"이라고 보도했다. hilarious는 '밝은' '유쾌한' '즐거운'의 뜻이고, threat은 '위협하는' '협박하는'이라는 뜻이다. Don't do that은 일상적으로 자주 쓰이는 말로 "그만해!"라는 의미. 부모가 막 언어를 익힌 어린아이에게 쓸 정도로 기본적인 표현이다.

누구도 오타니가 진짜로 복수(revenge)할 거로 생각하지 않을 것이다. 오타니의 유쾌한 농담이다.

(22년 10월12일)

LESSON 13

I want to win

나는 이기고 싶다!

역시 오타니도 인내심의 한계가?

오타니가 늘 하는 말이다. 에인절스는 21시즌 77승 85패(AL 서부지구 4위), 22시즌 73승 89패(AL 서부지구 3위)로 플레이오프(PO) 진출에 실패했다. 2014년 이후 한 번도 가을에 야구를 하지 못했다. 오타니가 호투(pitching gem)해도 점수가 나지 않으면 승리의 여신은 미소를 지어주지 않는다.

오타니가 MVP가 된 21시즌의 일이다. 미국 〈USA TODAY〉 9월29일자에 따르면 오타니가 인내심(his patience)에 한계를 드러냈다. 기자는 오타니가 9월 27일 시애틀과의 경기에서 1-5로 패한 뒤 His disappointment and disgruntlement(실망과 불만)가 표정에 드러났다고 썼다.

오타니는 앞으로의 계획을 묻는 기자들에게 "나는 이 팀을 좋아한다. 팬들도 마음에 든다. 팀 분위기도 좋다"라고 전제한 뒤 이 말을 남기고 인터뷰를 끝냈다.

"I want to win. That's the biggest thing for me. I'll leave it at that."

"무엇보다 나는 이기고 싶다. 그게 내게 가장 큰 일이다. 이 정도로만 하자."

오타니가 에인절스의 가족적인 분위기와 캘리포니아의 온난한 기후, 친절한 사람들을 좋아하는 게 분명하다. 다만 팀 전력에 대해 생각이 많아진 것 같다. 팬들이나 언론도 '이길 수 있는 팀으로 가는 게 낫다' '오타니에게 승리를 챙겨주고 싶다' '에인절스에 있으면 좋겠지만 오타니의 커리어에 좋지 않을지도…' 라는 등 여러 이야기가 난무하고 있다. 오타니는 어떻게 할까.

(22년 10월14일)

LESSON 14

He is the G.O.A.T

사상 최고의 선수

베이브 루스를 넘어선 남자

오타니 쇼헤이는 22시즌 타자로 157경기에 출장해 타율 2할7푼3리 34홈런 95타점을, 투수로 28경기 선발 등판해 15승 9패 평균자책점 2.33을 기록했다. 커리어 최다인 166이닝을 던져 삼진 219개를 앗아냈다. 탈삼진율은 11.87. 뉴욕 양키스 게릿 콜(11.53)을 제치고 AL 1위에 올랐다.

오타니는 1918년 베이브 루스 이후 104년 만에 처음으로 두 자릿수 승과 두 자릿수 홈런을 기록한 선수가 됐다. 아니 베이브 루스를 뛰어넘었다. MLB 역대 최초로 규정 이닝과 규정 타석을 모두 달성하면서 두 자릿수 승과 두 자릿수 홈런을 기록한 것이다.

미 미디어도 오타니를 지칭하며 “He is the G.O.A.T”라며 ‘G.O.A.T’라는 단어를 쓰기 시작했다. 직역하면 '그는 산양이다'지만 물론 아니다.

Greatest Of All Time.
사상 최고의 인물.

이 문구의 머리글자를 따서 생략한 영어로 최대한의 칭찬이다. 산양을 뜻하는 goat와 철자가 같아 SNS에서는 문자 대신 산양 이모티콘을 쓰기도 한다.

all time은 ‘전대미문의’ ‘공전의’ ‘불변의’를 의미한다. 보통 하이픈을 넣어 ALL-TIME으로 쓴다.

G.O.A.T는 70년대에 활약한 전설적 프로복서 무하마드 알리가 자신을 지칭한 표현인 “I am the greatest(내가 세상에서 가장 위대한 남자다)”를 떠올리게 한다.

(22년 10월16일)

LESSON 15

Disgustingly good

감탄스러울 정도로 훌륭했다

호투에 화답하지 못한 에인절스

22년 6월8일 애너하임에서 열린 보스턴 레드삭스와의 홈경기. 에인절스는 0-1로 패하며 연패 기록이 14까지 늘어났다. 〈MLB.com〉 레트 볼린저 기자는 에인절스를 두고 most disappointing team(가장 실망스러운 팀)이라고 거침없이 적었다. 결국, 조 매든 감독이 경질되고 필 네빈 코치가 대신 지휘봉을 잡았다.

22년 9월29일 오클랜드 애슬레틱스와의 경기. 오타니는 8이닝 2피안타 10탈삼진 무실점으로 15승째를 수확했다. 네빈 감독 대행은 4회 2사 주자 없는 가운데 나온 션 머피와의 승부를 재미있는 표현으로 극찬했다. 7구까지 가는 풀카운트 승부에서 오타니는 96.3마일(약 154㎞)짜리 투심 패스트볼을 몸쪽으로 던졌고, 머피는 몸쪽으로 향해 쓱 떨어지는 공에 헛스윙했다.

Disgustingly good.
감탄스러울 정도로 훌륭했다.

disgustingly란 '역겨운' '구역질이 날 정도' '혐오스러울 정도'라든가 '질투가 날 정도'를 표현하는 말로, 부정적인 의미를 지니고 있다. 하지만 good을 강조할 때는 very(매우)라든가 amazingly(감탄스러운·놀라운)라는 표현 대신 쓰이기도 한다.

(22년 10월19일)

LESSON 16

What can't he do?

못하는 게 뭐야?

앞으로 100년 이상 볼 수 없는 선수

21년 4월께부터 미 미디어에서 오타니를 두고 자주 사용하기 시작한 문구다. 21시즌 오타니는 마운드에서는 시속 160㎞짜리 공을 던졌고, 타석에서는 홈런 46개를 때려내며 AL MVP에 올랐다.

오타니는 22년 8월9일에는 두 자릿수 승리와 두 자릿수 홈런(1918년 베이브 루스 이후 104년 만의 나온 기록)을 달성했다. 22년 9월10일 휴스턴 애스트로스와의 경기에서는 101.4마일(약 163㎞) 패스트볼을 던지며 개인 최고이자 구단 최고 구속을 기록했다. 그때마다 미 미디어는 이렇게 외쳤다.

"What can't he do?"
못하는 게 뭐야?

같은 사용법에는 'there is nothing he can't do(그가 할 수 없는 건 없다)'가 있다. What can't he do?는 what이라는 단어를 먼저 냄으로써 놀라움에 임팩트를 주며 강조하고 있는 것 같다.

오타니는 21년 9월 미국 주간지 〈TIME〉 선정 '세계에서 가장 영향력 있는 100인'에 영국 헨리 왕자 등과 함께 이름을 올렸다. 당시 성적도 뛰어났다. 특히 장타력이 돋보였는데 장타 80개는 리그 2위 기록이고 3루타(8개) 부문에서는 단연 톱이었다. 오타니와 MVP 경쟁을 벌인 양키스 애런 저지도 TV 인터뷰에서 오타니를 언급했다.

"I have never seen in my life."
(오타니는) 지금까지 본 적이 없는 선수다.

오타니를 두고 "100년 넘게 본 적이 없었고, 앞으로 100년 넘게 볼 수 없는 선수"라는 극찬도 끊이지 않는다. 뉴욕 양키스 선수들은 오타니의 경기를 보기 위해 비디오 녹화 기능을 세팅한 뒤 그라운드로 향한다고 한다. 미 동부 뉴욕과 서부 LA와의 시차가 3시간이라 라이브 중계를 볼 수 없기 때문이다.

(22년 10월20일)

LESSON 17

This isn't supposed to be possible

불가능을 가능하게 만드는 남자

미스터 임파서블

오타니 쇼헤이 팬임을 공언한 미국 〈FOX SPORTS〉 벤 벌랜더 기자. 그는 오타니가 개인 최다인 18경기 연속 안타를 친 22년 10월3일 오클랜드 애슬레틱스와의 경기를 돌아보며 '그 기간 쇼헤이의 평균자책점은 0.90이었으며 마운드에선 20이닝 동안 잡은 삼진은 25개'라고 했다.

This isn't supposed to be possible.
불가능을 가능하게 만드는 남자

벌랜더 기자는 "베이브 루스도 투수로 로테이션에 포함됐을 때는 '매일 타석에 서는 것은 Not sustainable(지속 불가능한 일)'이라고 코멘트했다"라며 "이도류. 즉 투타겸업이 어려운 것은 베이브 루스도 인정하는 일"이라고 강조했다.

sustainable은 '지속가능한'이라는 뜻인데 not이 들어가면 지속 불가능하다는 얘기다. suppose는 '추정(추측)하다' '가정(상정)하다' '~라고 하다' '~인 것 같다'의 의미로 suppose to be는 '~할 것이다'로 쓰인다. 예를 들어 'You are not supposed to be here(당신은 여기 없을 것이다)'는 '돌아가세요'를 완곡한 어법으로 표현한 것이다.

초대장 없이 파티장에 나타난 사람에게 거절 의사를 전할 때 'You are supposed to be in KYOTO today(당신은 오늘, 교토에 있어야 하는 게 아닌가?)'라고도 할 수 있다.

뉴욕 양키스 애런 저지와의 MVP 경쟁에서 오타니의 수상을 지지하는 팬들 사이에서는 'SHOHEI, Mr.impossible, OHTANI'라며 미들네임에 '미스터 임파서블'을 넣는 것이 좋다는 의견도 심심찮게 등장한다.

(22년 10월21일)

LESSON 18

10 things Ohtani can't live without

오타니의 필수 생존템 10가지

베개는 일본에서 특별히 주문한 제품

22년 1월 미국 남성잡지 〈GQ〉가 게재한 오타니 인터뷰. 오타니의 성실함을 엿볼 수 있는 기사였다.

10 things ohtani can't live without.
오타니의 필수 생존템 10가지.

① iPad(아이패드) : 자신의 피칭, 배팅, 통계 등이 모두 수록돼 있다. 휴식 시간에는 〈넷플릭스〉에서 〈오징어 게임〉을 보거나 만화를 보기도 한다.

② pillow(베개) : 일본에서 만든 특별 주문품. 자신의 머리 사이즈를 측정해 베개 중심에 머리가 들어가도록 면밀하게 계산돼 제작된 제품이다. 오타니는 엎드려서 자는 경우가 많다고.

③ cell phone(스마트폰) : 수시로 메모한다.

④ game ready ice machine(휴대용 제빙기) : 아이싱을 위한 기계. 미국에 와서 사용하기 시작했는데 숙소나 원정 호텔에서도 사용한다.

⑤ bat(야구 배트) : 아식스 'GOLD STAGE' 특별 주문품. 기존에는 단풍나무 배트를 사용했지만, 지금은 자작나무 배트로 바꿨다.

⑥ glove(글러브) : 이것도 일본 특별 주문품. 1년에 하나를 사용하는 데 연습할 때나 경기할 때 모두 동일한 글러브를 쓴다.

⑦ cleats(스파이크·야구신발) : 가능한 한 가벼운 것을 선택.

⑧ heart rate monitor(손목시계형 심박수 측정기)

⑨ compression pants(가압 팬츠) : 에어프레셔로 팔다리에 압력을 가해 근력 강화 및 유연성을 확보하고, 혈액순환이 잘되도록 하는 아이템. 팔만 있는 장치도 있다. 침대 위에서 영화를 보며 쓴다.

⑩ weighted sleep mask(수면 안대) : 이동 중 비행기 내에서 많이 사용한다. 일반 수면 안대보다 조금 무겁지만 잠이 잘 오는 효과가 있다고.

(22년 10월25일)

LESSON 19

Forget about it

대박!

'Don't mind'보다 더 cool할지도?

오타니가 홈런을 쳤을 때 실황 아나운서들이 자주 쓰는 문구 중 하나다. 보통 공의 행방을 쫓고 있을 때는 'going! going!(간다! 간다!)'이라고 외치다 'Gone!(갔다!)'으로 끝낸다. 하지만 타격 순간에 분명히 홈런임을 알 수 있는 경우 외친다.

"Forget about it."
대박!

Forget about it은 직역하면 '잊어!' '신경 쓰지 마!' '이제 포기해!'. 이것이 슬랭(slang)에서는 '대단해!'라는 의미가 된다. 뉴욕 등 미 동부 연안에서 많이 쓰이는 것 같다.

여담이지만 뉴욕 브루클린은 LA다저스의 과거 연고지(1884~1957)다. 현재 뉴욕은 양키스와 메츠가 자리하고 있다. 양키스의 애런 저지가 'BRONX BOMBER(브롱크스의 폭격기)'라는 별명으로 불리는 것은 양키스타디움이 브롱크스 지역에 있기 때문이다.

일본에서는 야구 등 스포츠 경기에서 (안타를) 맞은 투수나 실수를 한 선수에게 "Don't mind!" "Don't mind!"라고 말을 거는 경우가 많다. Don't mind!는 Do not mind!(신경 쓰지 마!)의 생략형. 그것보다 "Forget about it!"라고 외치는 게 cool할(멋있을) 지도 모르겠다.

아나운서는 홈런이 나온 장면에서 "Good bye baseball!"이라거나 "Got it('아싸'와같이 감탄의 의미를 나타내는 말)"을 외치는 경우도 많다. 양키스 담당 아나운서는 홈런이나 좋은 플레이가 나오면 "How about that!(어때, 대단하지)"이라고 칭찬한다.

(22년 10월26일)

LESSON 20

Blowing my mind

완전 반해 있다

팀 동료의 칭찬

오타니를 두고 alien(외계인)이라든가 superhuman(초인)같은 표현을 많이 쓰지만, 팀 동료 재러드 월시의 말도 인상적이다. 문구는 조금 길다.

This guy has been blowing my mind for three years.

이 친구에게 3년째 완전 반해 있다.

blow란 '(숨을) 불다' '(바람이) 불다' '(복싱 등으로 상대를) 강타하다, 세게 때리다' '충격' 등 여러 가지 의미가 있다. 예를 들면 Blow a kiss는 '손 키스를 보내다'는 뜻이고, Blow soap bubble은 '비눗방울을 분다'는 뜻이다. 여기서는 '마음을 흔들다' '반해 있다' '흥분시키다' '깜짝 놀래키다'로 볼 수 있다. 반함의 정도가 만화처럼 '눈이 하트 모양으로 변할 정도'라고 보면 된다.

월시는 마이너리그 시절인 2018년 투타겸업 유행에 본격 도전한 바 있다. 싱글A와 트리플A에서 투수로 8경기에 출장해 1패 1세이브 7탈삼진 평균자책점 1.59를, 타자로 130경기 출장해 타율 2할7푼7리 29홈런을 기록했다. 하지만 결국 포기하고 타자로 정착했다. 투타겸업, 이도류의 가치나 어려움을 뼛속까지 알고 있는 선수다.

그 월시가 'He surprises me everyday(오타니에 매일 놀라고 있어)'라며 (오타니의 플레이에) 멍한 표정으로 고개를 흔든다. 오타니는 스포츠 세계에 있는 치열한 경쟁과 질투에서조차 열외 돼 있을지도 모른다.

(22년 10월28일)

LESSON 21

There is no wrong option

(MVP 투표에) 잘못된 선택은 없다

인간의 형상을 한 신화적인 전설적 존재

MLB 역사상 가장 치열하다는 올시즌(22년) AL MVP 경쟁. 62홈런으로 61년 만에 AL 단일시즌 홈런 기록을 경신한 뉴욕 양키스 애런 저지. 104년 전 베이브 루스가 세웠던 두 자릿수 승리 두 자릿수 홈런 기록을 넘어 15승 34홈런을 달성한 오타니 쇼헤이. 미국 전문가들의 의견도 둘로 갈렸고, 선수들도 난리다.

시카고 컵스 투수 마커스 스트로먼은 오타니를 강력지지하는 선수다. 오타니와 저지 둘 모두 MVP 그 이상이라면서도 “나 같으면 시즌 종료 직후 쇼헤이에게 투표하겠다”라고 목소리를 높였다. 저지가 최고의 시즌을 보내며 역사적인 기록을 세운 건 맞지만 오타니가 한 일은 과거에 아무도 하지 못했고, 앞으로도 두 번 다시 볼 수 없을 것이라고 주장했다.

“There is no wrong option!”

잘못된 선택은 없다.

wrong이란 ‘잘못된’ ‘나쁜’ ‘아니다’라는 뜻인데 미묘한 차이가 있다. You are wrong은 “네가 잘못했어”지만 something wrong은 “뭔가 실수한 거 같은데”다. go wrong는 ’나쁜 길로 가다‘ ’타락하다‘가 된다. 전화를 잘못 걸었을 때는 “sorry, I got a wrong number”라고 사과한다.

스트로먼의 오타니 찬양은 어제오늘 일이 아니다. 그는 21년 5월에도 칭송하는 말을 남겼다.

Ohtani is a mythical legend in human form.

오타니는 인간의 형상을 한 신화적인 전설적 존재.

(22년 11월2일)

LESSON 22

I love him like my son

나는 그를 내 아들처럼 사랑해

메이저리거 아들 세 명

올여름(22년) 에인절스 필 네빈 감독 대행이 미국 스포츠 채널 〈ESPN〉과의 인터뷰에서 한 말이다. 정확한 문구는 이거다.

"I love Aaron Judge like my son."
"나는 애런 저지를 아들처럼 사랑한다."

당시 AL MVP 경쟁이 오타니 쇼헤이와 애런 저지(뉴욕 양키스)의 맞대결 양상으로 흘렀고, 언론은 네빈 감독 대행에 집요하게 "누가 MVP가 될 것인지"에 대한 답을 요구했다.

네빈 감독 대행은 2018년부터 4년 동안 양키스 3루 코치로 있었고, 저지와도 개인적으로 가까운 사이인 것으로 알려져 있다.

저지는 30세(이하 22년 기준), 오타니는 28세다. 둘 다 네빈 감독 대행에게는 아들 같은 나이이다. 네빈 감독 대행의 친아들 타일러 네빈도 메이저리거다. 나이는 25세. 볼티모어 오리올스(23시즌에는 디트로이트 타이거스)에서 외야수로 뛰고 있다. 네빈 감독 대행에겐 메이저리거 아들 세 명이 있는 셈이다.

그 아들 같은 두 사람이 MVP를 다투게 되면서 사사건건 기자로부터 질문을 받았는데 "그래도 MVP는 오타니"라며 다음과 같이 말했다.

"몇 번이고 하는 말이지만 오타니가 MVP다. 오타니는 지금까지 누군가가 한 길에서 해왔던 일을 그는 두 길(both sides)로 이뤄냈다. 아무도 하지 못했던 야구라고 하는 게임의 정신을 이어가고 있다(take over)."

take over는 '인수하다'라는 뜻으로 I will take over는 '나머지는 맡겨줘'라는 메시지다.

(22년 11월4일)

LESSON 23

I like to hit a home run

홈런 치는 게 더 좋다

오타니가 좋아하는 비디오 게임

오타니 쇼헤이의 영어 실력은 어느 정도일까. 22년 9월27일 경기 전 더그아웃에서 녹화한 인터뷰에서 확인할 수 있다.

현지 방송국 〈Bally Sports West〉의 해설자 마크 구비자가 진행한 인터뷰는 통역 없이 치러져 화제가 됐다. 첫 번째 질문은 "미 전역에서 화제인 〈넷플릭스〉 SF 호러 드라마 시리즈 〈STRANGER THINGS(기묘한 이야기)〉 중 좋아하는 인물은?". 이에 오타니의 대답은 '더스틴'. 더스틴은 실종된 12세 소년 윌의 절친한 친구이자 '오덕후'적인 점도 보이는 인물이다.

구비자가 "Why that?"이라고 이유를 묻자 오타니는 "He is funny(재미있어서)"라고 즉답했다.

다음 질문은 "지금 좋아하는 비디오 게임은?". 오타니는 곧바로 〈CLASH ROYALE(클래시 로얄)〉이라고 답했다. 이어 "누가 대전 상대인가?"라고 묻자 팀 동료인 내야수 데이비드 플레처 이름을 댔다.

플레처는 오타니와 28세 동갑(22년 기준). bumper pool(미니 당구)을 함께 치는 동료이기도 하다. 홈런을 친 뒤 더그아웃에서 카우보이 모자를 쓰는 오타니에게 WATER SPLASH(물벼락 세리머니)를 하는 역할도 플레처가 자주 맡는다.

인터뷰의 마지막은 "400피트(약 122m) 특대 홈런을 치는 것과 100마일(약 161㎞)짜리 공을 던지는 것 중 어느 것이 더 좋은가?". 오타니는 고민 없이 바로 답했다.

"(I like to) hit a home run."

홈런 치는 게 더 좋다.

(22년 11월9일)

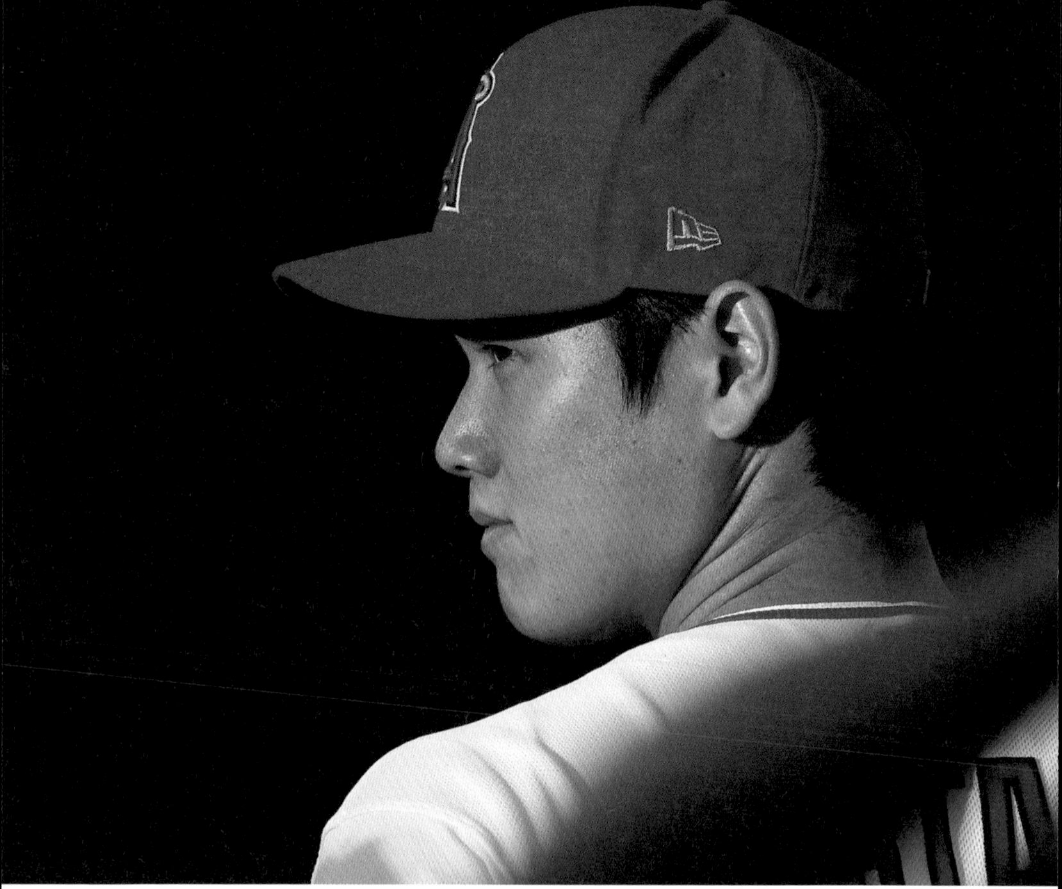

LESSON 24

Shohei Ohtani is a planner

오타니 쇼헤이는 계획이 있다

명예의 전당 헌액이라는 큰 목표

미국 스포츠잡지 〈Sports Illustrated〉(22년 11월)는 '30세 미만의 각 연령에서 메이저리그 명예의 전당에 입성할 가능성이 가장 큰 선수' 특집을 실었다. 22세에서 29세 사이의 연령별로 명예의 전당에 헌액될 가능성이 가장 큰 선수를 소개했는데 28세 선수로는 오타니 쇼헤이를 뽑았다.

〈LA타임스〉 칼럼리스트 딜런 에르난데스는 22년 7월16일자 지면에 실은 칼럼에서 이런 구절로 오타니의 삶을 평했다.

오타니는 5년 전(2017년) 미국행 기자회견을 열었을 때 "세계 최고의 선수가 되겠다"고 했다. 월드시리즈에 관해 묻자 그는 "어떤 선수가 세계 제일의 선수를 목표로 한다는 것은 세계 제일의 팀을 경험해야 한다고 생각한다(As someone aiming to be the No.1 player in the world, I think it's a place you have to pass through)"고 대답한다. pass through는 '통과하다' '경험하다'를 의미한다.

"오타니는 '팬들이 좋고 에인절스 분위기가 좋다. 그러나 동시에 이기고 싶은 마음은 점점 강해지고 있다(But my feelings of wanting to win are stronger)"고도 한다. 오타니의 계획 중에는 언제나 쿠퍼스타운(Cooperstown), 즉 메이저리그 명예의 전당 입성이라는 큰 목표가 있다. 오타니가 23세에 미국에 왔을 당시 연봉도 200만 달러(+보너스 옵션)로 제한됐다. 이제 프리 에이전트(Free Agent·FA)가 되면 a nine-figure deal(아홉 자릿수, 몇억 달러 단위의 계약)을 하게 될 것이다."

(22년 11월10일)

LESSON 25

Shohei deserves two salary

쇼헤이는 두 명분의 가치가 있다

구단은 두 명분의 연봉을 지불해야 하는가

22시즌 월드시리즈(WS)가 끝났다. 시즌이 끝난 선수들은 잠깐의 휴식을 즐길 때다. 선수들과 달리 조 매든 전 에인절스 감독은 언론에 끌려다니는 것 같다.

매든 전 감독은 얼마 전 미 스포츠 전문채널 〈FOX SPORTS〉의 인기 라디오 토크 프로그램 〈댄 패트릭 쇼〉에 출연해 오타니에 대해 언급했다.

그는 진행자에게 "구단은 23시즌 뒤 FA가 되는 오타니에게 선수 두 명분의 연봉을 지불해야 하느냐"는 질문을 받았다. 그러자 "만약 오타니가 투타겸업, 이도류를 계속한다면 그는 일반 선수(one way player)와는 다르게 받아야 한다"고 답했다.

"Shohei deserves two salary."
"쇼헤이는 (선수) 두 명분의 급여를 받을 가치가 있다."

deserve란 '~할 만한 가치가 있는' '어울리는'을 의미한다. 예를 들면 무엇인가로 표창을 받았을 때 인사로 "It's really more honor than I deserve(분에 넘치는 영광입니다)"라고 쓸 수 있다. 이것이 'He deserved it'이 되면 '당연한 업보' '자업자득'이라고 하는 부정적인 표현이 된다.

매든 전 감독은 또 이렇게 말했다.

"이도류라는 의미는 두 명의 선수가 한 선수 안에 존재한다는 것이다. 그것은 독특한 생각으로 두 명의 오타니로 생각해 평가하고 교섭해야 한다. 그는 한 명의 남자(선수)가 아니다(He's not one dude)."

dude는 비속어로 '남자' '놈' '녀석'이라는 뜻. 매든 전 감독은 마지막까지 오타니를 'Once-in-a life time-player(생애 단 한 번 만날 수 있는 선수)'로 추켜세웠다.

(22년 11월11일)

LESSON 26

End up with the Dodgers

(오타니는) 결국 마지막엔 다저스로

유명 방송인의 예측 대담

이렇게 단정하는 것은 〈MLB Network〉의 유명 방송인(personality) 크리스 매드 독 루소(Chris Mad Dog Russo)다. mad dog은 말 그대로 미친개(광견). 미국인들은 광견(mad dog)을 좋아하는 모양이다. 캐나다인 프로레슬러 모리스 바숑의 별명인 mad dog에게서 따왔다는 얘기도 있다.

트럼프 행정부 초대 국방부 장관 제임스 마티스도 아프가니스탄, 중동에서의 무용으로 mad dog라고 불렸지만, 임기 중 사임하며 트럼프로부터 도망쳤다.

그런 루소가 라디오 프로그램에서 단정하고 있다.

Ohtani will end up with the Dodgers.

오타니는 결국 다저스로 오게 될 것이다.

end up with는 '~로 결말을 짓다' '~로 끝나다'의 뜻. 루소는 뉴욕주 롱아일랜드 출신이지만, 학교 졸업 후 플로리다로 옮겨 라디오 토크 프로그램을 시작했다. 그는 플로리다 청취자들이 자신의 악센트를 낯설어하자 1주일에 두 차례씩 현지 스피치 테라피스트(speech therapist·말하기 학원)를 다니며 악센트를 고쳤다고 한다.

현재 〈High Heat〉으로 불리는 장수 프로그램도 맡고 있다. 직설적이고 거친 표현으로 인기를 얻고 있는 그는 MLB 뒷이야기 등을 연일 청취자들에게 전하고 있다.

high heat은 직역하면 '고열'이나 '높은 직구'라는 야구의 속어이기도 하다. 일본식으로 표현하자면 〈(미치광이 루소의) 직구 승부〉 같은 것인가.

22년 11월 초에는 'radio hall of fame(라디오 명예의 전당)'이라 불리는 라디오 방송인의 전당에 헌액되기도 했다.

(22년 11월15일)

LESSON 27

He'll dictate the dance steps

그가 협상의 주도권을 잡고 있다

캐시먼 단장이 중얼거리다

뉴욕 양키스 브라이언 캐시먼 단장이 애런 저지와의 계약 연장 협상을 앞두고 한 말이다. 조금은 난해한 문구지만 캐시먼 단장이 혹시 오타니를 향해 중얼거릴지도 모르는 말이기도 하다.

저지는 올시즌(22년) 개막 전 양키스가 제시한 8년 총액 2억1350만달러(약 2851억3000만원) 제안을 거부했다.

"He will dictate the dance steps."

그가 협상의 주도권을 잡고 있다.

직역하면 '그는 댄스 스텝(보폭이나 발의 움직임)을 지시할 것이다'다. 즉 캐시맨 단장은 "저지가 교섭의 주도권을 잡고 있다"라고 한 것이다.

dictate는 '지휘하다' '명령하다' '결정하다' '지시하다'와 같은 의미다. 비서에게 문서 작성을 시킬 때도 "He dictates letters to his secretary"라고 한다. dictator는 '명령하는 사람' '독재자' 등 강한 입장을 의미하는 경우가 많다.

dance는 이 경우 저지와의 협상(negotiation)을 의미한다. "가능하면 마법 지팡이(magic wand)를 흔들며 빨리 협상을 마무리하고 싶지만, 저지가 프리 에이전트(FA)가 될 권리를 가지고 있다"는 게 캐시먼 단장의 설명이다.

dance steps의 steps는 '순서' '걸음걸이(발자국)' 등을 의미한다. step by step은 '조금씩' '천천히' '단계를 밟아'라는 표현 중 하나. 캐시먼 단장은 저지가 스스로 춤(협상)의 페이스나 방향을 결정할 수 있는 유리한 입장이라는 점을 인정하고 있는 셈이다. 샌프란시스코 자이언츠, LA다저스, 뉴욕 메츠, 보스턴 레드삭스 등이 저지의 춤 상대라는 소문이 돌고 있다. (저지는 22시즌 뒤 9년 총액 3억6000만 달러에 양키스와 FA계약)

(22년 11월16일)

LESSON 28

Ohtani is not getting moved

오타니는 아무 데도 가지 않는다

에인절스 단장 발언의 신빙성

스토브리그가 한창이다. MLB도 한 치 앞을 내다볼 수 없다. 22시즌 월드시리즈(WS) 우승팀 휴스턴 애스트로스 제임스 클릭 단장이 구단으로부터 받은 재계약 오퍼를 거절한 것이 화제가 되고 있다.

오타니 쇼헤이의 동향에 관해서도 시끄럽다. 에인절스의 페리 미나시안 단장이 단장 회의가 열리고 있는 라스베이거스에서 기자들을 앞에 두고 자신만만하게 한 말이 이번 문구다.

"Ohtani is not getting moved. We are not moving him."

"오타니는 아무 데도 가지 않는다. 우리도 그를 어디에도 보내지 않을 것이다."

move는 '움직이다'를 의미한다. 전쟁영화에서 상관이 우르르 행진하는 병사에게 'Move! Get move!'라고 외치는 장면도 심심찮게 나온다. 미나시안 단장의 말을 그대로 받아들이면 에인절스는 오타니를 트레이드할 생각이 없다.

그러나 미나시안 단장의 말과 달리 "다른 단장들은 이 발언을 액면 그대로 받아들이지 않고 있다"고 미국 스포츠 채널 〈ESPN〉 제프 파산이 전했다.

파산은 워싱턴 내셔널스 마이크 리조 단장을 예로 들었다. 리조 단장도 22년 6월1일 후안 소토를 트레이드하지 않겠다고 강하게 이야기했다. 하지만 내셔널스는 8월2일 소토와 조시 벨을 묶어 샌디에이고 파드리스로 전격 트레이드했다. 파산은 "아무도 미나시안 단장의 말을 믿지 않고 있다(not convinced)"라고 했다.

(22년 11월18일)

LESSON 29

Angels have no appetite

에인절스는 관심이 없다

트레이드 이야기라는 양날의 검

오타니 쇼헤이를 둘러싸고 다수의 팀이 에인절스에게 트레이드를 제안하고 있다는 소문이 있다. 하지만 에인절스가 모든 제안을 거절하고 있다고 한다.

뉴욕 스포츠 채널 〈SNY〉 앤디 마르티노 기자가 내막을 전하는 문구가 바로 이것이다.

"The Angels have no appetite."

에인절스는 관심이 없다.

appetite는 '식욕' '욕망' '흥미'라는 의미로 이 문구는 에인절스가 트레이드 제안에 전혀 흥미를 보이지 않는다를 뜻한다.

에인절스 아르투로 모레노 구단주는 22년 8월 구단 매각 의사를 밝혔다. 그러나 매각 협상이 어디까지 이야기되고 있고, 진행되고 있는지는 전혀 알려진 바 없다.

마르티노 기자에 따르면 구단주 입장에는 트레이드 이야기가 구체적으로 부각 되는 것 자체가 '양날의 검(a double-edged sword)'이다. 불운한 결과나 좋지 않은 결과를 가져올 위험성도 있다고 말하고 싶은 듯하다.

그는 "현재 에인절스는 오타니라는 빛나는 수퍼스타를 보유하고 있고, 그 점이 매각가(the sale price)를 끌어올린다"라며 오타니가 가격 상승((jack up)에 하나든 둘이든 역할을 하고 있다고 분석했다.

그러면서 기자는 a once-in-a-century superstar(100년에 한 번 나올까 하는 수퍼스타)인 오타니와 마이크 트라웃 콤비는 최강의 원투펀치지만 (에인절스는) 그 위력을 효과적으로 살리지 못하고 있는 점도 지적하고 있다.

(22년 11월20일)

LESSON 30

Are you kidding me!?

농담이지!?

아나운서가 몇 번이나 외친 문구

올시즌(23년)도 중계 아나운서가 오타니 쇼헤이의 홈런이나 연속 탈삼진(strike out in a row) 직후 수십 차례, 수백 차례 외친 구절이 이것이다.

"Are you kidding me!?"

오타니의 설마 하는 퍼포먼스에 놀랐을 때의 표현으로 "get out of here(거짓말이지!)" "forget about it(대단해!)"을 외치는 아나운서도 많다.

kidding의 kid의 어원은 명사로 '어린이' '아이'. kidding은 동사로 '속이다'라는 뜻이다. I am just kidding은 '농담이야'. "You are kidding?"이라고 끝을 낮춰 발음하면 '농담이지?'라고 상대에게 묻는 표현이 된다. You must be joking 혹은 You've got to be kidding도 같은 뜻. I kid you not은 '거짓말이 아니야. 진짜야'라고 상대방을 납득시킬 때 사용한다. All kidding aside는 '농담은 차치하고'를 뜻한다. 이 문구를 말머리로 삼아 결혼식 축하 연설을 시작하는 경우도 있다.

마찬가지로 미국 아나운서가 자주 사용하는 문구 중 하나가 "no doubt about it(틀림없다, 확실하다)"이다. 오타니의 타구가 왼쪽 스탠드로 크게 날아갈 때는 "big fly(큰 타구다)"라고 외치고, 그 후 "no doubt about it(넘어가는 것이 틀림없다)"이라고 중얼거리고, 타구가 스탠드에 떨어지는 것을 보고 "Gone!(갔다!)"을 소리친다.

일본어로 "잇테랏샤이(イッテラッシャイ) baseball!"이라고 외치는 아나운서도 많다. '잇테랏샤이'는 'good bye(잘 가)'와 같은 의미다.

(22년 11월25일)

LESSON 31

Why Shohei got snubbed

쇼헤이는 왜 홀대받았나

팀 성적을 고려한 MVP 선출 방법

전미야구기자협회(Baseball Writers' Association of America·BBWAA)에서 오타니 쇼헤이에게 MVP 투표를 한 현지 미디어, 〈The Athletic〉의 샘 브람 기자가 자신의 칼럼에서 쓴 문구다. 〈New York Post〉(11월18일자)가 이를 인용했다. 전체 문장은 다음과 같다.

I am assuming Judge taking to the playoffs is why Shohei got snubbed?
저지가 양키스를 플레이오프로 이끈 점 때문에 쇼헤이가 MVP 선정에서 홀대를 받아야 하나?

got snubbed란 '찬밥을 먹다' '팔꿈치를 맞다'는 뜻. 콧방귀를 뀌는 것 같은 불쾌한 의미도 있다.

지난해(21년) 우리 모두 오타니 기록에 "와!" 함성을 지르며(oohed and ahhed!) 만장일치 MVP로 선출했다. 오타니의 상품적 가치(novelty)는 21년과 22년이 다르다. 올시즌 오타니는 지난해보다 훨씬 향상(improve)됐다. 투타 역량(dual prowess)은 위대한 베이브 루스를 넘어섰다. MVP 선출에 팀 성적이 반영돼서는 안 된다. 팀 동료의 힘이 MVP 포인트 획득의 이유가 돼서는 안 된다. 오타니도 오랫동안 계속되는 에인절스의 악몽(nightmare)에 굴복해서는 안 된다(should not get dinged).

get dinged는 '움푹 파인 마음을 떨어뜨리다'의 뜻. nightmare는 '악몽'이라는 뜻인데, 에인절스의 무너진 불펜진을 가리키는 말이다.

기자는 마지막에 "누가 제일인지를 결정하는 동네야구(sandlot baseball·빈터나 공터에서 야구의 기본적인 규칙과 절차를 바탕으로 치르는 경기. 따로 심판을 두지 않아 애매한 볼 판정, 아웃 판정 등을 양 팀이 협상으로 결정)의 세계라면 다른 얘기지만"이라고 비아냥으로 들릴만한 말도 덧붙였다. (프로의 세계에서) MVP 선출에 팀 성적을 고려하는 점을 반대하는 뉘앙스가 묻어 있다.

(22년 12월1일)

LESSON 32

Head and shoulders above

(다른 선수보다도) 뛰어나다

가장 인상적인 퍼포먼스

When I don't have my best stuff, I can fight through the game.
최상의 컨디션이 아니더라도 경기에서 승리할 수 있다.

22년 5월11일 탬파베이와의 경기 후 오타니가 한 말이다. The best stuff란 '자신이 갖추고 있는 최고의 상태'를 말한다. stuff는 '물건' '소질' '재능이 담긴 상태'를 나타내는 명사이자 동사. 형용사로 활용돼 stuffed nose라고 하면 '코막힘'이 된다. I am stuffed라고 하면 '나는 배부르다'를 뜻한다.

오타니는 3번 지명타자이자 선발투수로 출전했다. 이날 그의 패스트볼 평균 구속은 93.3마일(약 150.1㎞)에 그쳤다. 오타니의 패스트볼 평균 구속은 96마일(약 154.4㎞)이다.

2회 초 6번 타자 케빈 키어마이어에게 우중월 홈런을 맞았다. 탈삼진 수는 5개. 그래도 6이닝 동안 2피안타 1실점으로 마운드를 지켰다.

현지 매체 〈sportskeeda〉 조슈아 피츠패트릭 기자는 "오타니의 퍼포먼스가 평범해 보였을지도 모른다. 그러나 피로 등과 같은 불확정요소를 계산했을 경우(when you factor in the variables) 가장 인상적인 퍼포먼스였다. 이 경기를 올 전반기 인상적인 다섯 경기 중 하나로 꼽고 싶다. 컨디션이 좋지 않을 때도 효과적인 투구를 선보일 수 있다는 점이 오타니가 얼마나 경쟁자보다 뛰어난(head and shoulders above) 선수인지를 보여주는 증거다"라고 썼다.

head and shoulders above의 어원이 '(키를 비교해) 머리와 어깨가 다른 사람보다 높다'는 점에서 '우월하다'는 표현에 쓰인다.

(22년 12월9일)

LESSON 33

The Yankees are gonna be on him

양키스가 오타니를 노리고 있다

모든 팀이 참가한 입찰 전쟁

오타니는 다음 시즌(23년) 중 FA가 된다. 에인절스에 남느냐. 이적하느냐. 미국 내에서도 큰 관심을 받고 있다.

내셔널리그(NL) LA다저스가 오타니 영입을 정조준하고 있다는 보도가 있다. 다저스뿐 아니다. 미국 스포츠 채널 〈ESPN〉 제프 파산 기자는 12월 7일 스포츠 분석가 팻 맥아피의 프로그램에서 "오타니가 다저스에 간다고 할 수는 없다. 모든 팀이 노리고 있다"고 말했다.

The Yankees are gonna be on him.

양키스도 그를 노리고 있다.

'~가 되다'라는 뜻의 gonna be는 going to be의 생략형이다. be on him은 '그에게 주목할 것' '그에게 관심이 쏠릴 것' '그를 노리고 있다'를 뜻한다.

I am on it은 I am (working) on it의 생략형이다. 비즈니스 영어로 '(그 건에 대해서는) 제가 담당하고 있다'를 뜻한다. 송년회 겸 술집에서 술을 마실 때 무심코 next drink is on me(다음 잔은 내가 쏜다)라고 하면 동료들의 평가가 올라갈 것이 틀림없다.

다시 말해 에인절스가 구단 매각을 추진하고 있는데 (만약 구단이 매각돼) 새로 구단주가 되는 사람은 오타니를 트레이드하거나 FA로 다른 구단에 유출하는 것보다 roster(선수명단)에 남겨 두는 것이 현명하다는 것을 알 것이다. 만약 오타니가 연장 계약에 동의하지 않는다면 내년(23년) 시즌 뒤 a bidding war(입찰 전쟁)가 시작된다.

(22년 12월14일)

LESSON 34

It's just another day

일상다반사

오타니의 파괴력은 '건물해체용 쇠공(鐵球)'

미 미디어는 22시즌 메이저리그 명장면을 연일 특집으로 다루고 있다. 당연히 사상 처음으로 투타 모두에서 규정이닝과 규정타석을 달성하며 1918년 베이브 루스 이후 두 자릿수 승리와 두 자릿수 홈런을 기록한 오타니 쇼헤이도 크게 다뤄지고 있다.

미국 스포츠 전문사이트 〈sportskeeda〉 조슈아 피츠패트릭 기자는 오타니 같은 multi lethal pitcher/batter(투수이자 타자로 치명적인 위력을 가진 선수)에게는 (이런 활약이) it's just another day at ball park(야구장에서 흔히 볼 수 있는 일)에 불과하다고 표현하고 있다.

그가 쓴 이 두 구절이 재미있다. 하나는 오타니를 'multi lethal'이라고 평한 것. 또 하나는 오타니의 뛰어난 활약을 'just another day'라고 쓴 것이다.

just another day란 '평소처럼', 즉 '일상다반사'라는 뜻이 된다. 비틀즈의 폴 매카트니에게 〈Another Day〉라는 곡이 있다.

오타니에게는 평소대로 하는 플레이에 불과한 것이 팬들과 다른 선수들에게는 특별한 명장면이 되고 만다는 의미로 보인다.

multi lethal pitcher/batter의 multi는 '복수의' '2개 이상의'를 의미한다. lethal은 '치명적인' '결정적인' '죽음을 가져오는'과 같은 말이다. 〈lethal weapon〉은 치명적인 무기. 멜 깁슨 주연의 미국 액션 영화 제목이다.

오타니를 평하는 이런 표현도 있다. 오타니가 두 타석 연속 홈런. 솔로포와 만루포를 터뜨린 22년 5월9일 탬파베이 레이스와의 경기. 11-3으로 에인절스가 승리하자 피츠패트릭 기자는 오타니의 타격을 두고 wrecking ball이라고 표현했다. wrecking ball은 '건물해체용 쇠공'을 말한다. 이미지를 떠올리는 것만으로 엄청난 파괴력이 느껴진다.

(22년 12월16일)

LESSON 35

Chin music

타자를 고개를 뒤로 젖히게 하는 투구

위협구로 일촉즉발

메이저리그에서도 투수가 타자의 턱에 닿을락 말락 한 공을 던진다. 타자가 (배터박스) 뒤쪽으로 물러나도록 위협하는 행위다. 일본에서는 bean ball(빈볼)이라고 하는 데 미국에선 이를 chin music(턱의 음악)이라고 부르기도 한다. 공이 턱(chin) 근처를 휙 하고 무시무시한 소리(music)를 내며 지나가는 모습을 표현하는 것이다.

오타니도 이 chin music으로 난투 직전까지 간 적이 있다. 21년 5월29일 오클랜드 애슬레틱스와의 원정경기에서다. 3회말 무사 1루 상황에서 오타니의 손을 빠져나온 공이 타석에 선 마크 칸하에게 향했다. 그 2구째 패스트볼이 칸하의 안면을 아슬아슬하게 지나갔다. 격앙된 칸하는 오타니를 노려보며 무언가를 떠들어댔다. 포수 커트 스즈키가 칸하를 달래며 상황이 일단락되나 했다. 하지만 양측 더그아웃에서 선수들이 그라운드로 뛰쳐나오며 일촉즉발의 상황으로 확대됐다. 다행히 난투극은 없었지만 오클랜드 팬들의 야유가 쏟아졌다.

심판이 타자 머리 쪽으로 향하는 공이 위험하다고 판단하면 투수를 퇴장(eject)시킬 수 있다. MLB에서 연간 1500회 가까운 bean ball이 나온다는 비공식 데이터도 있다. eject에는 '퇴장시키다' '(비행기에서) 긴급 탈출하다'는 의미도 있다.

chin music에는 '쓸데없는 수다'라는 뜻도 있다. '쓸데없는 수다를 떨다'는 make a chin music. "I am tired of his chin music"은 "그의 시시한 잡담이 지겹다"가 된다.

(22년 12월22일)

LESSON 36

Frozen rope

강렬한 라이너

오타니 컨디션의 바로미터

22년 9월5일 디트로이트 타이거스와의 경기에서 10-0으로 승리한 에인절스. 3번 지명타자로 출전한 오타니는 3회말 1사 2루에서 초구를 때려 우익수 방면으로 보냈다. 라이너성 타구는 우측 펜스를 직격하고 그라운드로 튕겨져 나온 것처럼 보였다. 오타니가 전력 질주로 1루 베이스를 거쳐 2루 베이스에 도달한 순간 심판의 손이 빙글빙글 돌았다. 빨랫줄 같은 타구는 우측 스탠드로 향했고, 펜스가 아닌 스탠드를 맞고 외야로 되돌아왔다고 확인됐다. 31호 홈런이자 투런 홈런을 보고 아나운서가 외쳤다.

"frozen rope!"

'얼어버린 밧줄' 혹은 '팽팽한 밧줄'같이 날카로운 라이너성 타구를 표현하는 속어다. 오타니는 frozen rope라고 불릴 타구가 많다. 컨디션의 바로미터다.

메이저리그 스카우트는 오타니가 일본프로야구 니혼햄 파이터스 시절부터 홈런과 함께 라이너성 타구에도 감탄하곤 했다.

그런 오타니의 타격을 hammered라고 표현하는 아나운서도 있다. 강력한 타구를 만들어내는 임팩트 순간이 해머로 때린 것 같다고 비유한 것이다. LESSON **34 It's just another day**에서 소개한 wrecking ball도 유사한 의미로 읽힌다. 오타니의 타격을 '건물해체용 쇠공'에 비유한 것이다. 오타니 경기를 중계하는 미디어에 다양한 비유가 등장한다.

(22년 12월23일)

LESSON 37

Less rest likely in 2023

2023시즌은 휴일이 적어질 전망

6일에 한 번씩 등판

에인절스 필 네빈 감독이 23시즌 투수 오타니 쇼헤이 기용에 이런 방법을 고려하고 있다고 한다.

Ohtani will pitch every six days as much as possible.

이에 지역 신문 〈The Orange County Register〉 제프 플레처 기자는 "(23시즌) 오타니를 가능한 한 많이 등판시키기 위해 6일에 한 번씩 마운드에 오르게 한다는 이야기다. 즉 23시즌은 오타니가 5일 선발 로테이션에 포함될 것이다"라고 보도했다. 그 기사 제목이 이렇다.

"less rest likely in 2023."

오타니는 22시즌 중 5일 만에 선발 등판한 경기가 12차례다. 6일 선발은 16차례였다. 28경기 선발로 출장해 166이닝 동안 15승 9패 평균자책점 2.33을 기록했다. 아메리칸리그(AL) 사이영상 투표에서는 4위에 그쳐 최종 후보(3명) 안에 들지 못했다. 성적은 최종 후보들과 비교해 손색없다. 하지만 경쟁자들에 비해 적은 투구 이닝이 발목을 잡았다.

Less는 '적다', rest는 '휴식'이다. likely는 '~의 전망' '~처럼 보인다'라는 뜻이다. Less는 여러 가지 사용법이 있다. 'less expensive'는 '비싸지 않다'. '싸다'라는 의미.

less than five guests are allowed to enter는 '5명 이하의 손님밖에 들어갈 수 없다'가 된다. the number of tourists are getting less and less는 '관광객의 수가 점점 적어지고 있다'. less가 양을 나타낼 때도 있다. 예를 들어 You had better use less sugar라고 하면 "여보, 설탕 좀 적게 써야지!"라는 아내의 질책.

(22년 12월25일)

LESSON 38

Tungsten game

(미국판) 허무한 경기

승리하지 못하는 에인절스에 대한 비꼼

일본에서는 '나오에(なおエ·한편 에인절스라는 의미)'라는 인터넷 속어가 화제가 된 적이 있다. 오타니 쇼헤이의 투타에 걸치는 활약을 전하는 미디어가 마지막으로 "한편 에인절스는 졌습니다"라고 상투적인 문구처럼 경기 결과를 덧붙이는 것을 가리킨다.

오타니라는 걸출한 선수를 보유하고 있음에도 올해도 플레이오프(PO)에 진출하지 못한 에인절스를 비아냥대는 뉘앙스가 담겨 있다. 그 '나오에'의 미국판이라고 해도 좋은 것이 이번 문구다.

Tungsten Arm O'Doyle.

직역하면 '(철보다 단단한) 텅스텐 팔의 오도일'. 오타니와 트라웃이 활약했음에도 에인절스가 패했을 때 미 미디어가 사용하게 됐다.

이 문구의 시작은 캐나다에 거주하는 한 팬의 X(구 트위터)다. 에인절스가 패하자 그는 이렇게 트윗했다.

"트라웃이 홈런 3개를 때려내며 타율을 5할2푼8리까지 끌어올리고, 오타니 쇼헤이가 애크런 그룹즈멘(가상의 팀)의 텅스텐 암 오도일(가상의 투수)이 1921년에 세운 기록을 달성하면서 경기는 타이거스가 에인절스에 8-3으로 승리했다."

그 경기에서 트라웃이 1경기 3홈런 기록을 세운 적이 없다. 타율이 5할2푼8리가 된 적도 없었다. 모든 것이 픽션이다.

이번 시즌(22년) 6월21일 캔자스시티 로열스와의 경기. 3번 지명타자(DH)로 출전한 오타니가 2홈런 포함 4타수 3안타 8타점으로 대폭발했다. 하지만 에인절스는 연장 접전 끝에 11-12로 패했다.

이때부터 미 미디어는 Tungsten game이라는 문구를 사용하게 됐다. '허무한 경기' '아쉬운 경기'로 해석할 수 있다. 에인절스 팬으로서는 굴욕적인 문구다.

(22년 12월28일)

LESSON 39

Shopping price

오타니 구매가

몬스터급 계약

FA가 되는 오타니의 거취를 둘러싸고 연말연시 연일 보도가 이어지고 있다. 〈New York Post〉 존 헤이먼 기자는 특집 기사에서 "Ohtani has never been about money(오타니는 돈에 연연하지 않는다)"라고 썼다. 이어 "It's time for him to be paid his true value(이제 오타니가 자신의 진정한 가치에 걸맞은 대우를 받을 때가 됐다)"라고 전했다. '오타니야, 너다운 목소리를 내라!'고 격려하는 것처럼 보인다.

헤이먼 기자는 오타니 에이전트를 제외한 에이전트 아홉 명을 취재해 오타니의 shopping price(구매가)를 예상하고 있다. 보통 shopping이란 물품을 구입할 때 사용하는 말이다. 인간에게 가격표를 붙이는 모습은 비즈니스를 좋아하는 미국 사회를 반영하고 있다.

에이전트 모두 익명(anonymity)으로 취재에 응했는데 전원 오타니의 FA 계약이 마이크 트라웃(12년 총액 4억2650만 달러 계약)이나 애런 저지(양키스와 연간 4000만 달러 계약)를 넘어설 것으로 봤다. 그들은 총액 4억7500만 달러부터 5억2500만 달러에 13년, 연 5000만 달러의 11년 총액 5억5000만 달러 등 몬스터급 계약을 예상하고 있다(오타니는 다저스와 연 7000만 달러인 10년 7억 달러 계약).

다수의 매체도 "각 팀이 오타니를 잡기 위해 인정사정없는 싸움(pillaging)을 펼칠 가능성이 있다"고 경고하고 있다.

pillaging이란 동사 pillage의 현재분사로 '(전쟁 시) 약탈하다'를 의미한다.

(23년 1월6일)

LESSON 40

Good people with good pedigree

좋은 사람이자 좋은 혈통

오타니 에이전트의 정책

They have to be good people with good pedigree.
내가 계약하는 상대는 모두 좋은 사람들이며 좋은 혈통을 갖고 있어야 한다.

이렇게 말하는 이는 오타니 쇼헤이의 에이전트 네즈 바레로다. 그는 오타니의 거취와 관련해 just wait and see(그냥 기다려 두고 보자)라는 입장을 굽히지 않고 있다. (오타니의 거취는) 에인절스 새 구단주에게 달린 셈이다.

바레로는 2018년 잡지 〈PERICAN HILL〉과의 인터뷰에서 '에이전트의 역할'에 대해 다음과 같이 답했다.

"나는 그들(선수)의 mentor가 되고 싶다. 나는 그들의 인생에 impact(영향)를 주고 싶다."

mentor란 '상담 상대' '좋은 지도자' '은인'이다.

서두의 문구는 "에이전트로서 어떤 선수를 평가합니까?"라는 질문에 대한 대답이다. pedigree란 '가문' '내력' '혈통 있는'을 말한다. '(동물의) 족보' '혈통서'라는 의미도 있다. 실력이 있어도 인성이 좋지 않으면 상대하지 않겠다고 말하는 것 같다. 오타니의 에이전트가 됐을 때도 가족 관계나 부모의 인품, 가정환경 등을 조사했을 것이다.

바레로는 젊은 시절 시애틀 매리너스에서 마이너리그 선수로 뛰었다. 오프시즌 중 공사 현장에서 아르바이트하다 사고를 당해 중상을 입고 선수의 길을 포기했다. 2006년 대형 에이전트회사 CAA(Creative Artists Agency)에 들어갔다. 지금까지 신인왕 8명, 사이영상 3명, MVP 5명을 만들어냈다. 미 경제지 〈MONEY INC〉(21년)에 따르면 그의 2020년도 수수료 수입은 약 1450만 달러(약 193억7200만원).

(23년 1월13일)

LESSON 41

He is into it

그는 열중하고 있어요

into에는 '열중하다'라는 의미도

오타니 쇼헤이는 23년 1월14일 일본 휴가를 마치고 미 캘리포니아로 향했다. LA 상공 비행 중 기내에서 촬영한 다운타운 풍경을 인스타그램에 올리자 다저스 팬들이 'welcome Shohei!'라고 열광적인 모습을 보였다.

오타니가 3월 개막하는 월드베이스볼클래식(WBC)에서 일본대표팀에 합류한다는 사실을 정식 발표하는 기자회견이 열렸다. 이후 "투타겸업 출전인가?" "릴리프(중간계투) 기용인가?" 혹은 "타순은?" 등 오타니를 둘러싼 억측(speculation)이 난무해 일본 체류 중에도 마음 편히 쉬지 못한 게 아닐까?

에인절스 페리 미나시안 단장이 일본 체류 중인 오타니와 수시로 대화했다고 밝혔다. 그게 이번 문구다.

미나시안 단장은 "지난해 10월 이후 일본에 머문 오타니와 매일 연락했다(contact). 그는 (우리와의 협상에) 열중하고 있다(He is into it)"고 밝혔다.

into는 '~안에'라고 하는 의미이지만 '열중하고 있는' '열중한 상태'도 표현한다. He's really into porsche(그는 포르쉐에 빠져 있다) 등으로 사용할 수 있다.

(23년 1월18일)

LESSON 42

The writings on the wall

불길한 전조

<구약성서>에서 유래한 고사

직역하면 '벽에 쓰인 글자'다. 〈구약성서(다니엘서 제5장)〉의 고사에서 유래한 말로 '불길한 전조'를 뜻한다.

고대 거만한 바빌론의 왕이 파티를 벌이던 중 한 거대한 남자가 나타나 손으로 궁전 벽에 왕에 대한 경고를 남겼다. 공포에 떨던 왕은 결국 죽었고 왕국도 멸망했다. 이에 '좋지 않은 일이 생긴다'라는 상황을 표현한다.

오타니 기사에 이 문구를 인용한 이는 미국 〈sporting news〉 라이언 페이건 기자다. 오타니가 22년 10월18일 진행한 귀국 기자회견에서 22시즌을 되돌아보고 이렇게 말한 것이 계기다.

"14연패를 포함해 좀처럼 떠올릴만한 경기를 하지 못했다. 별로 좋지 않았다는 인상이 더 강한 것 같다."

일본어로 그렇게 대답한 오타니의 말을 일부 미 미디어가 "I have a rather negative impression of this season(이번 시즌은 부정적인 인상이 더 크다)"라고 영어 번역해 보도했다. 이것이 일부만 쓰여 SNS상에서 '오타니가 팀을 비판했다'라는 말이 퍼지기 시작했다.

페이건 기자는 단정적으로 이렇게 썼다. "오타니는 2024년이면 에인절스를 떠난다. 팀 패배는 미 야구계 최고의 선수(오타니)에 부담이 되고 있다(All the losing is weighing on baseball's best player)."

weighing은 weigh(무게를 재다)의 현재분사다. '부담되는' '무게가 나가는'이라는 의미다. 기자는 "팬들은 오타니를 사랑하며 올시즌 1년 동안 그를 구단에 묶어둔 뒤 방출하는 것은 팬에 대한 배신(a slap in the face)"이라고 덧붙였다. a slap in the face. '얼굴을 따귀'는 거절의 의미다.

(23년 1월25일)

LESSON 43

hard feelings

(오타니의) 고집

지방 도시에서 자유롭게 플레이하고 싶어

미 매체 〈New York Post〉 MLB 담당 존 헤이먼 기자는 2023년 1월14일자에 “오타니는 뉴욕 메츠(로의 이적)가 유력하다”라고 썼다. 그 안에 궁금한 문구가 있었다.

hard feelings.

‘악감정’이나 ‘고집’ ‘마음에 걸리는 것’ 등을 의미한다. no hard feeling?이라고 하면 ‘나쁘게 생각하지 말아줘요?’가 된다. 여기서는 ‘(장인의 타협 없는) 고집’이라고 읽는다. 이번 시즌 FA가 되는 ‘오타니의 고집’을 언급하고 있다.

메츠 이적을 유력하게 이야기하는 헤이먼 기자는 단서를 달았다. “오타니가 뉴욕에 갈 생각이 있느냐”다. 5년 전 (뉴욕의) 모 구단 고위 관계자가 오타니에게 “오겠냐”는 의사를 묻자 오타니는 “분명하게(flat out) 뉴욕에는 가고 싶지 않다(Ohtani didn't want to come here)”고 거절(rebuffing)했다. 기자는 그 이유로 오타니의 hard feelings를 꼽았다.

그는 “오타니는 뉴욕이 야구뿐 아니라 여러 분야에서 세계의 중심이라는 말을 들었다”고 짚으며 “오타니는 자신이 목표로 하는 이도류를 실현하기 위해서는 세계에서 가장 (잣대가) 엄격한 미디어가 있는 뉴욕이 아니라 지방 도시에서 자유롭게 플레이하고 싶다 하는 ‘고집’이 있었다”고 분석하고 있다.

기립박수(standing ovation)와 야유(booing)가 혼재하는 것이 야구장(ball park)이다.

(23년 1월27일)

LESSON 44

He got him

삼진으로 잡았다!

에나츠 유타카가 기억하던 영어

He got him.

직역하면 '그는 그를 손에 넣었다'라고 하는 이상한 표현이지만 문구의 앞의 he는 오타니를, 뒤의 him은 상대 타자를 의미한다. 시즌 중 오타니 쇼헤이가 삼진을 잡을 때 아나운서가 여러 번 외친 문구다. "Got him"이라고 소리치기도 한다.

got him은 과거형이고 get him이 현재형. '그를 잡아라!' '해쳐라!' '찾았다!'는 의미도 있다. You got that!이라고 하면 '알았어!'.

got에서 생각나는 야구선수가 투수 에나츠 유타카다. 1985년 미국 애리조나 선시티에서 열린 밀워키 브루어스의 입단 테스트를 취재했을 때의 일이다. 에나츠는 당시 세이부 라이온스를 떠나 메이저리그 도전을 위해 입단 테스트를 치렀다. 그라운드에서 에나츠에게 "기억나는 영어가 있냐"고 묻자 퉁명스럽게 "I got it(내가 잡는다)과 take it(네가 잡아줘) 두 가지"라고 눈부신 하늘을 보며 대답해줬다.

그의 숙소인 모텔 방을 방문했을 때 창가에 진열된 많은 카세트 테이프를 볼 수 있었다. 방 안에서는 가이엔타이(海援隊·일본의 3인조 포크밴드)의 〈思えば遠くへ來たもんだ(생각하면 멀리 왔구나)〉가 흐르고 있었다.

'노모 신드롬'의 그 노모 히데오가 메이저리그에 입성한 게 95년. 토네이도가 전미를 석권하기 10년 전의 일이었다. 메이저리그에서 뛴 일본 선수에 에나츠 유타카의 이름은 없다. 일본이 자랑하는 왼손 투수였지만 구단은 마이너 계약을 제시했다. 에나츠는 마이너리그에서 시작하는 것은 힘들다고 결정하고 귀국했다.

한편 최초의 일본인 메이저리거는 64년부터 65년까지 샌프란시스코 자이언츠에 몸담았던 투수 무라카미 마사노리다.

(23년 2월1일)

LESSON 45.

Sudden about-face

갑작스러운 방침 전환

오타니가 벌어들인 액수

에인절스 아르투로 모레노 구단주가 구단 매각 이야기를 백지화하겠다고 밝혔을 때 미 미디어가 이 문구를 썼다. 23년 1월26일자 〈New York Post〉는 "에인절스는 구단주의 방침 전환으로 오타니를 보유할 가능성을 높였다(Angels face much taller odds to retain Shohei Ohtani after owner's about-face)"고 보도했다.

about-face란 '완전한 전환'. 짧은 표현이라면 '오른쪽으로 돌아'. about은 '대체로' '~에 관하여'라는 뜻이지만 그다음 face에는 '방향을 변경하는' '사람에게 등을 돌리다'라는 의미가 있다.

모레노 구단주는 오타니에 관한 코멘트에는 응하지 않고 있다. 하지만 구단 공식 대변인은 "아직 미완의 일(unfinished business)이 남아 있다"라고 했다. 재선 출마를 표명한 트럼프 전 대통령이 쓴 문구와 똑같다.

〈New York Post〉에 따르면 에인절스에 인수금액으로 24억 달러에서 30억 달러 선을 제시한 다수의 제의가 쇄도했다. 이에 "구단주는 구단이 돈을 버는(profitable) 우량 자산(hot property)임을 확신했다"는 것이다.

신문은 더욱더 "에인절스는 스폰서 수익, 간판 수익 외에 티켓 수익, TV 중계권 수익 등 오타니가 만들어낸 거액에 대한 정보를 외부에 밝히지 않고 있다.

한 정보통은 에인절스를 위해 오타니가 벌어들인 금액에 대해서는 구체적으로는 대답하지 않고 'It's a ton(막대한 액수)'이라고만 표현하고 있다"라고 전했다.

a ton이란 중량을 나타내는 '1t' 외에 숫자로 나타낼 수 없는 '큰' '대량의'라는 의미로도 쓰인다.

(23년 2월3일)

LESSON 46

Gets Angels on the board

에인절스를 기세등등하게 하다

‘남자다움’을 뜻하는 관용구

22년 에인절스 구단 공식 트위터(현 X)가 발신한 문구다.

Shohei single gets Angels on the board.
쇼헤이의 안타가 에인절스를 기세등등하게 했다.

get him on the board는 ‘기운 나게 하다’ ‘기세를 돋우다’. 단어로서 board는 ‘판’이나 ‘칠판’이다. 하지만 surf board를 떠올려 보자. on the board다. 의기양양하게 판 위에 올라 (파도를) 타고 있는 모습이 연상되지 않나. 그 ‘기세등등함’이 떠오르지 않는가.

비행기나 배 등에 탈 때 승무원이 welcome on board(탑승 감사합니다)라고 안내하듯 get on board는 ‘탑승하는’ ‘승선’을 의미하는 것이 보통이다. 미국의 바에서는 이런 대화를 들을 때가 있다.

“Are you on board? (이야기에 함께할래?)”
“No, I am not on board. (아니, 괜찮아)”

여담이지만 on the board는 ‘まな板の上の鯉(도마 위의 잉어, 남의 뜻대로 될 수밖에 없는 상태를 의미)’의 번역에 사용돼 A carp on the chopping(cutting) board가 된다. 본래 의미인 ‘의기양양한 남자다움’이라는 뉘앙스를 전하기 어렵다.

이 경우에는 face the music을 사용한다. 해외 드라마 등에서도 자주 쓰이는 표현으로 ‘깨끗이 책임지는 현실을 받아들인다’라는 뜻이다. 유래에는 여러 가지 설이 있는데 군의 규율을 위반한 병사가 처벌받을 때 흘러나온 군대의 밴드 음악이었다고도 한다. 각오를 다졌을 때의 음악이란 어떤 것일까.

(23년 2월8일)

LESSON 47

There's no way

그런 일, 있을 수 없다

오타니의 겸손에 경악한 마이크 트라웃

23년 3월 열리는 WBC에 마이크 트라웃이 미국대표팀 주장으로 참가한다. 그는 MLB 최고 타자로 오타니의 에인절스팀 동료다.

이번에는 그 트라웃이 꺼낸 문구다. 지난 시즌 로커룸에서 WBC에 관해 얘기하던 중 오타니가 트라웃에게 이렇게 말했다고 한다.

I am not the best player on the Japanese team.

나는 일본대표팀에서 최고의 선수가 아니다.

그때 트라웃의 반응이 "There's no way(그런 일은 있을 수 없다)"였다. 오타니를 미국 제일, 즉 세계 제일의 플레이어라고 확신하고 있는 트라웃은 오타니의 말을 제대로 믿지 않았다. 오타니는 투타겸업하며 메이저리그 기록을 차례로 갈아치우고 있다. 21시즌에는 AL MVP에 올랐다.

There's no way는 예를 들어 직장 동료들끼리 극비리에 전격 결혼한 것을 알았을 때도 쓰인다. 직역하면 '길이 없다'가 되지만 미국에서는 '진짜로?' '설마, 있을 수 없다'라는 뜻으로 자주 쓰이는 문구다. 트라웃이 말하길 "I get a front row seat every time he pitches when he's with us(나는 항상 벤치의 맨 앞에 앉아 쇼헤이를 보고 있다)."

트라웃은 '항상 오타니의 플레이를 가장 가까이에서 보고 있다'고 자부하고 있으며 자신이 누구보다 (오타니의) 대단함을 알고 있다고 강조하고 싶은 것으로 보인다.

트라웃의 미국대표팀과 오타니의 일본대표팀은 모두 WBC 우승이 유력한 후보다. 트라웃은 "it's pretty nasty(쇼헤이를 적으로 돌리는 것은 귀찮은 일이다)"라고 말하고 있다.

(23년 2월10일)

LESSON 48

The relationship is outstanding

우리 관계는 각별하다

누구도 이해할 수 없는 오타니와의 인연

23년 초 에인절스 페리 미나시안 단장은 "WBC에서 오타니의 플레이(이도류)에 규제(restriction)를 두지 않았다"라며 "(오타니는) 2월 말 캑터스리그(CACTUS LEAGUE·메이저리그 시범경기)에 한 차례 출장한 뒤 3월1일 일본으로 향한다"고 밝혔다. 그때 미디어에 덧붙인 것이 이 문구다.

The relationship is outstanding.
우리 관계는 각별하다.

미나시안 단장은 오타니와 에인절스 사이에 누구도 이해할 수 없는 관계가 있다고 강조하고 싶었던 것 같다. outstanding이란 '뛰어난' '(실력 등이) 굴지의' '남다른' '돌출된 것'을 의미한다. 대출 잔액이나 부채가 매우 높을 때도 outstanding amount(엄청난 액수)를 사용하기도 한다.

단장은 또 a strong relationship이라는 말도 썼다. 이 문구를 읽으면 "우리에게는 강한 유대가 있다"라고 이해할 수 있다.

미나시안 단장은 스프링캠프 전 팀 전력보강에 대해 당당히 설명했다. 타일러 앤더슨, 카를로스 에스테베즈 등 투수진을 포함해 선수 영입 등 전력 강화에 총 2억600만 달러(약 2739억8000만원)를 썼다는 것이다. 에인절스는 지난해보다 연봉 총액(payroll)이 약 2600만 달러(약 345억8000만) 더 높아졌다.

단장은 또 "구단주가 가능한 한 오타니와의 계약을 장기계약(long term deal)으로 갱신하길 원하고 있지만, 이는 오타니의 결단에 달려 있다(It'll ultimately be up to Ohtani)"고 말했다.

(23년 2월11일)

LESSON 49

2023 is his best yet

오타니는 계속 진화해 나갈 거다

오타니에게 있어 최고의 순간

미 미디어 〈Bleacher Report〉가 23년 1월31일자로 이런 문구를 사용했다.

Ohtani's 2023 season is his best yet.
오타니의 2023시즌은 그의 최고의 시즌이 될 것이다.

매체는 "오타니의 23시즌은 역대 최고의 시즌이 될 것이고, 오타니는 앞으로도 계속 진화할 것이다"라는 내용을 전했다. 기사를 쓴 기자는 재커리 라이머.

yet은 '심지어' '더' '아직도'라는 뜻. Best wine yet하면 '지금까지 먹어본 와인 중 최고'가 된다. 현 단계에서라는 단서가 붙어 있다.

not yet은 '아직 안돼'라고 아이스크림을 입에 넣고 싶은 아이에게 말해도 좋은 대사다. yet to come 하면 '아직도 앞으로 (좋은 일이) 앞으로 찾아온다'.

한국의 세계적인 보이그룹 BTS의 곡에도 〈Yet To Come(The Most Beautiful Moment)〉이 있다. '지난날들은 정말 최고였지만 우리의 최고의 순간은 앞으로 찾아온다'고 노래하는 BTS의 인기곡이다.

라이머 기자는 오타니가 MVP가 된 21시즌을 되돌아보며 "오타니는 과거 5년간 메이저리그에서 성장을 계속하고 있다. 21시즌에는 MLB 사상 최고의 투타겸업 플레이어로 꽃을 피웠고(blossomed) 사상 19번째 만장일치 MVP로 선출됐다. 하지만 22시즌은 그 21시즌보다 더 좋은 해(even better)가 됐다"고 썼다. 바로 BTS의 곡 그 자체다.

오타니에게 최고의 순간은 앞으로 매년 찾아온다.

(23년 2월15일)

LESSON 50

He’s one of a kind

오타니는 유일무이한 선수

모레노 구단주가 말하는 최대의 찬사

23년 2월8일 열린 구단주 회의에 참석한 에인절스 아르투로 모레노 구단주가 구단 매각 철회 후 처음으로 오타니에 관해 언급한 문구다.

He's one of a kind.
오타니는 유일무이한 선수.

이렇게 말한 뒤 이어 "위대한 남자" "분명히 세계에서 가장 인기 있는 야구선수" "위대한 팀 동료" "그는 매우 일을 잘해준다(he works hard)" "재미있는 남자(funny guy)" "그는 팬들과 마음이 통한다(he has a good rapport with fans)" 등 최고의 찬사를 늘어놓았다.

One-of-a-kind는 원어민이 자주 사용하는 독특한 문구다. '비길 데 없는' '유일무이한' 'only one인 존재'를 의미한다.

예를 들면 one-of-a-kind trip은 '누구에게도 맛볼 수 없는 훌륭한 여행'. kind는 '친절한' '상냥한' '종류'라고 복수의 의미가 있지만, kind of가 되면 '일종의' '~와 같은' '말하면' '몇 분' '조금' '어느 쪽인가 하면'이라고 많은 뉘앙스가 있다.

친구와 식사한 뒤 do you like this meal?(식사 어땠어?)이라는 질문에 "뭐 그렇지. 나쁘지는 않았어"라고 할 때 kind of..., not bad라는 문구가 사용되는 경우가 많다. 아주 만족스러운 식사가 아니었을 때의 표현이다.

모레노 구단주는 또 "오타니는 우리가 하는 것에 적합하다(He fits in well with what we do). 우리가 하는 일은 엔터테인먼트 비즈니스다. 야구장을 찾은 팬들을 즐겁게 하는 것이 최우선이다"라고 말했다.

(23년 2월17일)

LESSON 51

Fighting for chance to face Ohtani

오타니를 만나기 위해 경쟁하는 호주 선수들

호주의 오타니 열풍

23년 3월9일 개막하는 WBC 1차 리그에서 일본과 맞붙는 호주에서도 '오타니 열풍(fever)'이 일어나고 있었다. 호주 〈ABC〉는 이렇게 보도했다.

Australians fighting for chance to face Ohtani.

호주 (야구)선수들이 오타니를 만나고 싶어 대표팀 차출을 경쟁하고 있다.

명사 face는 아시다시피 '얼굴'이나 '표면'. 그 밖에 여러 가지 의미가 있는 단어로 '체면'으로도 사용된다. lose face라고 하면 '체면을 잃는'이 된다.

동사 face는 '수용하다' '대치하다' '대접하다' '(어떤 방향으로) 진로를 바꾸다'가 된다. 이번 문구 'fighting for chance to face Ohtani'는 이에 해당한다.

호주 대표로 선발된 포수 알렉스 홀은 오타니를 직접 보는 것만으로도 말도 안 되는(crazy) 경험이라며 흥분했다. face를 이용해 "to face him would be even better(그와 대결할 수 있다면 더욱 멋질 것)"라며 일본과의 경기를 고대하고 있다.

호주 대표 선수 중에는 현지 프로리그에서 뛰면서 따로 일을 가진 투잡(two job) 선수도 많다. 주장인 팀 케널리는 지난 2017년 대회 당시 '프로야구 선수'이면서 '소방관'이라 화제를 모았다. 그런 케널리도 "오타니를 만날 수 있는 것은 일생에 한 번 올 기회(once-in-a-lifetime opportunity)"라며 "결과는 상관없다(no matter the result)"라고 코멘트를 하고 있지만, 과연.

(23년 2월18일)

LESSON 52

Down to earth person

털털하고 꾸밈없는 사나이

오타니의 인성을 나타내는 문구

오타니의 인성을 나타낼 때 이번 문구가 사용되는 경우가 많다. 사전에서는 '소박한 남자'로 번역되지만 '털털한 남자' '꾸밈없는 남자' '못난 남자'라는 표현이 어울린다.

down to earth person은 직역하면 '땅에 발을 붙인 인물'이 되지만 '침착하고 성실한 인물'을 의미하는 슬랭(slang)이다. '함께 있어 편안하다'라는 의미도 있다. 필자는 과거 미국 인기 드라마 〈형사 콜롬보〉의 주인공을 맡았던 피터 포크가 생각난다. 직장에 이런 사람이 있으면 즐거울 것 같다.

반대말은 '붕붕 뜨는, 가벼운 남자'. 일본어로는 'チャラ男(껄렁껄렁하고 경박한 남자)'라고 할 수 있다. 영어로는 frivolous(붕붕 뜨는, 뒤뚱뒤뚱) arrogant(오만한) highhat(사람을 깔보는, 잘난 척하는, 폼 잡는) airy-fairy(경박한, 덧없는, 공기 같은) high-and-mighty(잘난 척하는, 거만한, (비꼬는 의미로) 높으신 분) 등 표현도 많다. 모두 오타니의 이미지와는 정반대다.

2016년 일본프로야구 니혼햄 파이터스에서 오타니와 함께 뛴 오른손 투수 앤서니 배스도 오타니를 down to earth person이라고 표현했다.

당시 일본에서도 오타니는 수퍼스타였다. 그럼에도 거만하거나 오만하지 않고 팀 동료들과 잘 어울리는 모습이 매우 인상적이었다. 그는 정말 털털하고 꾸밈없는 남자다(down to earth person). 오타니를 욕하는(speak ill of him) 사람은 없다. 다들 오타니를 응원하고 싶어한다.

(23년 2월22일)

LESSON 53

Now it's our turn

이번엔 우리 차례

대형 보강에 성공해 자신만만

에인절스 필 네빈 감독은 2023년 2월 스프링캠프에 앞서 시즌을 전망하며 낙관적인 문구를 남겼다.

"Now it's our turn."
이제 우리 차례다.

다른 문구를 사용한다고 하면 time has come(시기 도래)이라고나 할까. turn이라는 단어에는 '회전시키는' '휘어지는'이라는 동사 외에 '순서'라고 하는 명사도 있다. '내 차례에요'는 "my turn"하면 그만이다.

그 밖에도 다양한 사용법이 있다. 예를 들면 turn down은 '거절하다' '(재판 등에서) 기각하다'. turn out은 '(범인이나 어떤 사실이) 판명되다' '몸치장하다'. turn out a book은 '책을 만들다'. "I will turn 40 next week"라고 하면 '다음 주 마흔이야'. 복권을 사기 위해 줄을 서 있을 때 끼어들려는 사람들에게는 "Be turn!(순서 지켜!)"이라고 말해도 좋다. 여러 가지 쓰임새가 있는 단어다. 노래방에 가서 동료에게 "It's your turn(다음은 네 차례야)."이라고 하며 마이크를 건넬 수 있다.

네빈 감독이 올시즌 우리 차례라고 자신하는 것은 지난 시즌 LA다저스에서 15승을 올린 왼손 투수 타일러 앤더슨를 영입하는 등 대형 보강에 성공했기 때문이다.

시즌에 돌입하면 난리가 날 것이라고도 했다. 그것은 arsenal이라고 불리는 두터운 선수 자원을 근거로 하고 있다. arsenal이란 '창고' '무기고' '보고'로 야구로 말하면 투수가 던질 수 있는 구종이 많은 것 또는 두터운 선수층을 의미한다.

(23년 2월24일)

LESSON 54

Win baby, just win

승리, 그저 이길 뿐

기자들에게 밝힌 트라웃의 본심

2023년 스프링캠프가 열린 애리조나 템피에서 마이크 트라웃이 가까운 기자들과 15분가량 서서 이야기를 나눴다. 대부분 오타니의 잔류 설득과 관련된 내용이었다고 한다. 그 트라웃의 결의가 이 문구다.

Win baby, just win.
승리, 단지 이길 뿐이다.

baby는 일반적으로는 '아기'를 뜻한다. 그 밖에도 '귀여운 아기' '귀중한 것' 외에 '책임' '역할' '연소자'를 가리키는 경우도 있다. 연인이나 친한 사이에 상대를 지칭할 때도 사용한다. It is your baby는 '그것은 당신의 몫(일)이에요'라는 의미. baby size는 '소형 사이즈'를 뜻한다.

트라웃이 가까운 기자들을 상대로 자신의 속내를 드러낸 것 같다. 트라웃은 WBC 미국대표팀 주장이지만 이번 문구는 WBC에서 이긴다고 말하는 것이 아니다. 메이저리그 개막전부터 계속 이겨서 "쇼헤이를 에인절스에 머물게 하겠다"는 의미로 사용하고 있다. 트라웃은 "쇼헤이를 에인절스에 남게 하려고 무엇이든 할 것이다(I'm going to do everything I can to keep Shohei here for sure)"라고 강조했다. 트라웃은 오타니와 함께 뛰게 된 지 6년이 됐는데 그 기간 에인절스는 한 번도 플레이오프(PO)에 진출하지 못했다.

"진다는 것은 최악이다(it sucks losing). 만약 에인절스가 플레이오프에 진출해야 할 해가 있다면 올해다(If there's any year we need to get to the playoffs, it's this year). 오타니는 에인절스의 편안한(the laid-back) 환경을 즐기고 있다. 나도 이제 30대다. 플레이오프로 가려면 지금밖에 없다(I'm in my 30s now, so it's time)."

(23년 2월20일)

LESSON 55

Insane contract

제정신이 아닌 계약

오타니의 '믿을 수 없는 장면'

2023년 1월 말 미국 뉴스 사이트 〈NJ.com〉이 이런 제목의 기사를 썼다.

Angels' Shohei Ohtani could be Big Apple bound on 'insane' contract.

직역하면 "에인절스 오타니 쇼헤이가 제정신이 아닌 계약으로 뉴욕에 가는가"가 된다. Big Apple은 '뉴욕시'의 애칭. 제목에 있는 insane이란 '비상식' '머리가 이상한' '어처구니없는' '상궤를 벗어난' '제정신이라고 생각되지 않는' 등 부정적인 의미가 있다. crazy, stupid, foolish, ridiculous 등과 같은 의미다.

기사 시작은 이렇다.

"뉴욕 메츠가 올시즌 FA가 되는 오타니에 스포츠 사상 최고액을 조건으로 제시할 것이다. 그 제안은 insane(제정신이 아닌 것)이다."

insane은 2021년 5월 중 발행된 미국 일간지 〈USA TODAY〉 기사 제목에도 있었다. '오타니의 insane season은 다른 선수들을 날려버리고 있다.'

그 당시 오타니는 홈런 14개를 기록하는 등 빠른 속도로 홈런 수를 쌓아가고 있었다. 이 경우 insane은 '믿을 수 없다'라는 뜻. 이처럼 긍정적인 표현으로도 쓰인다. 미국인의 일상대화에서는 "That's insane!" "That's crazy!"라는 슬랭이 자주 나온다. '대단해!' '말도 안 돼!'라는 의미. 일본식으로 말하면 '야바이(すごい·감탄을 나타내는 일본어)!'라고 할 수 있다. 크리스마스 세일 시즌에 미국 백화점에 "insane price!"라는 벽보가 붙는다. '가격 파괴!'라며 고객의 구매욕을 부추긴다.

(23년 3월1일)

LESSON 56

Ohtani's subtle habit

오타니의 형언하기 어려운 습관

쓰레기를 줍는 게 일상

미국에서는 WBC보다 시즌 개막전을 기대하고 있는 현지 팬도 많다. 에인절스 팬 사이 벌써 이번 시즌도 "연고지 애너하임의 스타디움에서 오타니 쇼헤이의 subtle habit를 보는 것이 기대된다!"라는 소리가 나온다.

subtle habit는 '말하기 어려운 습관'을 말하며, 오타니가 자주 그라운드에서 보여주는 '쓰레기 줍기(pick up trash)'를 가리킨다. subtle이란 '미묘한' '~라고 말하기 어려운' '이상한' '무엇도 파악하기 어려운'이라고 하는 의미. habit은 '버릇' '습관' '기질'이다. bad habit이라고 하면 '나쁜 버릇'. chewing a nail is bad habit은 '손톱을 무는 것은 나쁜 버릇'이다.

Shohei Ohtani patrols the LA Angels' dugout and picks up trash on a regular basis.

오타니 쇼헤이는 에인절스 더그아웃을 돌아다니며 쓰레기를 줍곤 한다.

본인은 '쓰레기 순찰'을 하고 있을 생각은 없겠지만 실제로 에인절스 경기 중계를 보다 보면 타석으로 향하는 오타니를 더그아웃으로 나온 순간부터 카메라가 좇고 있는 장면을 자주 볼 수 있다. 도중에 쓰레기를 발견한 오타니가 그것을 주워 주머니에 넣는, 그런 오타니의 '습관' 혹은 '기질'을 포착하려고 카메라맨이 결정적 순간을 노리는 것이다.

'몇 명의 선수가 스타디움이나 그라운드에서 일하는 사람들을 배려하고 있을까'라고 하는 것은 한 팬의 블로그 문구다.

에인절스 팬들이 오타니를 떠나보내고 싶지 않은 이유는 이런 데도 있다.

(23년 3월3일)

LESSON 57

Wasn't expecting this curveball

예상치 못한 커브볼

주일미국대사관 전격 방문

오타니 쇼헤이는 WBC 참가를 위해 23년 3월1일 밤(일본시간) 전세기로 미국에서 귀국했다. 3일에는 도쿄 미국대사관을 전격 방문해 람 이매뉴얼 주일미국대사와 만났다. 직후 이매뉴얼 대사가 트위터에 올린 것이 이 문구다.

"Wasn't expecting this curveball."

놀라움을 표현할 때 사용하는 wasn't expecting은 '예상치도 못한' '생각지도 못한' '이런 게 아니었어'로 좋은 의미로도 나쁜 의미로도 사용할 수 있다. 이매뉴얼 대사 트위터에는 다음과 같은 말이 계속되고 있다.

쇼타임(오타니를 비유적으로 표현)이 미국대사관에 왔습니다. 오타니만큼 미·일의 국민적 오락(national pastime)을 공유할 수 있는 훌륭한 인물은 없습니다. 그는 미일 야구의 역사를 바꿨습니다(He's changed the history of the game in Japan and America).

오타니가 대사관을 찾은 건 '의례적인 방문(courtesy call)'이라고 생각된다. 야구를 좋아하는 미국인답게 오타니의 방문을 'curveball(커브볼)'이라고 표현하는 등 미국 측도 오타니의 민간외교(private diplomacy)에 흥분하는 모습이 역력하다.

팬들도 마찬가지다. 이 트위터 댓글에 "지구를 탐험하기에는 너무 늦게 태어났다. 우주를 탐험하기에는 너무 빨리 태어났다. 하지만 쇼헤이의 플레이를 보기에는 딱 좋은 타이밍에 태어날 수 있었다. (Born too late to explore earth, born too early to explore space, but born just in time to watch Shohei play)" 등의 반응도.

(23년 3월9일)

LESSON 58

The knee drop home run

한쪽 무릎을 꿇고 친 홈런

인간의 기술이 아니야!

오타니 쇼헤이가 일본프로야구 한신 타이거스와의 평가전(WBC tune up game)에서 한쪽 무릎을 꿇은 채 때려낸 타구가 홈런이 되자 미 미디어가 사용한 문구다. 미 미디어는 이날 오타니의 연타석 홈런(two home runs in a row)을 경이로운 눈으로 표현하고 있다.

Shohei Ohtani dropped to one knee and hit a ball 420 feet.
오타니 쇼헤이가 한쪽 무릎을 꿇고 때려낸 공이 420피트(약 128m)를 날아갔다.

knee drop은 '무릎을 굽힌다'라는 뜻. 상대의 몸에 구부린 무릎을 치는 프로레슬링 기술인 knee drop도 여기에서 왔다.

미 미디어의 표현은 여러 가지다. one knee를 이용한 "Ohtani hits 420 foot homer from one knee(오타니는 한 무릎으로 비거리 420피트 홈런을 쳤다)"라는 문구라든지 "kneeling home run"이라고 하는 표현 등이 있다. 어쨌든 한쪽 무릎을 꿇으면서 타구를 백스크린 오른쪽으로 보내버린 한방을 두고 "인간의 기술이 아니다"라고 하는 것이 미일 미디어의 공통된 반응이다.

WBC 취재를 위해 일본을 찾은 한 미국 기자도 본국에 송고한 원고 중 오타니를 수식하는 수사로 'almighty(전능한)' 대신에 'Angel do-it-all star(에인절스의 만능스타)'라는 문구를 쓰기 시작했다. do-it-all은 '무엇이든 할 수 있다'.

21시즌, 22시즌 MVP 경쟁 때 미 미디어가 상투적으로 쓴 "This man is not human(인간이 아니다)"이라고 하는 표현도 이번 WBC 보도로 다시 등장했다. "다른 차원의 세계(different dimension)"라든가 "다른 세계의 생물(otherworldly creature)"이라고 하는 다양한 문구로 오타니를 극찬하고 있다.

(23년 3월11일)

LESSON 59

A tug of war

구리야마 감독의 줄다리기

에인절스와의 은밀한 힘겨루기

오타니 쇼헤이가 중국과의 WBC 첫 경기에 3번 타자이자 투수로 출장했다. 이에 앞서 미 미디어는 개막전부터 "a tug of war"라는 문구로 '오타니 기용법'에 대해 쓰고 있었다.

tug of war는 '줄다리기'로 '주도권 싸움'으로도 번역된다. 투타겸업의 오타니를 최대한 활용하고 싶은 일본대표팀 구리야마 히데키 감독과 부상 위험 때문에 최대한 오타니 기용을 막고 싶은 에인절스 사이에 은밀한 '밀당'이 펼쳐지고 있었다는 내용이다.

tug는 '노력' '당기다'라는 뜻을 가진 명사이자 동사. tug boat는 예인선, tug kite는 연날리기. '(장난친 아이의 귀를) 세게 잡아당기다'를 tug at an ear라고 말하기도 한다. '(사람의) 심금을 울리다'는 tug at someone's heartstring이라고 표현한다. 수퍼마켓 등에서의 가격 인하 경쟁은 tug-of-war라고 표현하기도.

(23년 3월15일)

LESSON 60

The perfect baseball weapon

야구를 상징하는 완벽한 존재

weapon에 '매력'이라는 의미도

미국 매체 〈sporting news〉 제이슨 포스터 기자가 쓴 문구다. 앞서 "he's not just the best player on the planet(그는 이 지구에서만 최고의 선수가 아니다)"이라는 약간 과장된 표현이 있었다.

planet은 '별' '행성'을 뜻하는데 여기서는 우리가 오타니와 함께 사는 '지구'를 말한다. weapon은 '무기'나 '병기'를 뜻한다. nuclear weapon은 '핵무기'. dangerous weapon이란 '흉기'다. 그것과 별개로 weapon은 비유적으로 '강점' '강함' '매력' 등을 뜻한다.

예를 들면 "good voice is her weapon"이라고 하면 "좋은 목소리가 그녀의 강점(무기)"이 된다. 미국 언론이 쓴 "perfect baseball weapon"은 야구를 상징하는 완벽한 존재라고나 할까.

이 기자는 일본의 WBC 첫 경기인 중국과 경기에서의 오타니를 평가하며 "오타니는 투수로 4이닝 1피안타 5탈삼진 무실점을, 타자로 2안타 포함 4차례 출루했다. 열광적인 high-five와 butt slap(엉덩이 두드리기)으로 respect(존경) 받을 만하다"고 썼다.

좋은 플레이를 펼친 선수의 엉덩이를 가볍게 툭툭 두드리는 butt slap은 농구나 배구에서도 흔히 볼 수 있다. you did good job!(잘했어!)을 태도로 보여주는 행위다.

기자는 "오타니는 WBC에 전 세계에서 새로운 팬을 끌어왔고, 더불어 WBC를 보여주기식 전시장(exhibition)에서 진짜 경기(truly big deal)로 변화시키는데 기여하고 있다"고 평가했다.

(23년 3월17일)

LESSON 61

Poetry in motion

나는 오타니에게 반했어

누군가를 꼬실 때에도?

미국 전역, 아니 전 세계 오타니 팬들이 품는 감정을 나타내면 이 문구가 나온다.

Shohei is poetry in motion.

직역하면 '쇼헤이는 움직이고 있는 시'가 된다. 하지만 남성이 사랑하는 여성을 '살아 있는 시'라고 표현하는 관용구다. '바라보고 예쁜 것'을 뜻한다.

poetry는 '시' 뿐만 아니라 '사람의 아름답고 우아한 움직임(beautiful and elegant quality)'을 가리킨다. 만화처럼 표현하면 '너에게 반해 정신이 헤롱헤롱'이나 '너에게 뿅~'이 된다.

이 문구는 오타니의 WBC에서의 투타 활약, 게다가 8강 이탈리아와의 경기에서 보인 세이프티 번트 등 지능적인 플레이를 본 미 팬의 트위터에서도 "Ohtani is poetry in motion"라고 확인할 수 있다. 이 경우 '오타니는 최고다'라고도 번역할 수 있다.

사실 poetry in motion은 일본에서 60년대 중반 크게 유행했던 노래의 제목이기도 하다. 일본어 곡명은 〈ポエトリー(시)〉. 가수 겸 배우인 이토 유카리가 불렀다. 미국에서는 가수 조니 틸로슨의 히트곡 중 하나다. 여성을 설득할 때도 "I love you"라는 진부한 표현 말고, "You are poetry in motion"이라고 하면 상대는 황홀한 표정을 지을까, 아니면 의아한 얼굴로 "너 무슨 소리야!"라고 말할까.

(23년 3월23일)

LESSON 62

Team chemistry is amazing

(일본)팀의 단결력이 훌륭하다

일본대표팀에 대한 부러움

한국의 미디어가 WBC 우승을 차지한 일본 야구대표팀을 이런 구절로 평했다. 한국 야구대표팀을 취재하기 위해 일본을 찾은 〈SPOTV NEWS〉 고유라 기자는 영문 기사에서 이렇게 썼다.

Team chemistry is amazing.

직역하면 '(일본)팀의 단결력이 놀랍다'. chemistry는 '화학' 외에 '궁합' '결속력' '끊기 어려운 정이나 인연' 등 다양한 의미를 지닌 말이다. '개성이 다른 화학물질을 섞었을 때 예상치 못한 이상한 작용을 일으킨다'라고 할 때도 사용된다.

they have good chemistry라고 하면 '그들은 (일이든 사적이든) 합이 잘 맞는다'는 뜻이다. 사랑을 확인하고 싶은 두 사람이 서로 "We have good chemistry"라고 말해도 된다.

기사는 "다르빗슈 유(샌디에이고 파드리스), 오타니 쇼헤이, 일본인 어머니를 둔 라즈 눗바(세인트루이스 카디널스) 등 메이저리거들이 일본프로야구 선수들과 깊은 유대를 맺어 강한 팀 결속력(tremendous team chemistry)을 만들어냈다. 이 힘이 팀에 기세(momentum)를 만들어냈다"라고 쓰여 있었다.

일본대표팀은 미야자키 합숙부터 다르빗슈가 참가했다. 불고기 음식점에서의 단합대회(yakiniku rally·출정 전에 하는 회식) 등 몇 차례 걸친 회식으로 팀 커뮤니케이션을 도모했다.

기자는 "일본대표팀은 1라운드부터 해외파와 국내파 구분 없이 서로 어울렸고, 함께하면 할수록 더 뛰어난 팀이 됐다(the longer they spend together, the more attractive the Japanese national team will become)"라고 썼다. 1라운드에서 탈락한 한국대표팀에 대한 아쉬움과 일본대표팀에 대한 부러움이 배어 있다.

(23년 3월24일)

LESSON 63

Throw away admiration

(미국팀을) 선망하지 맙시다!

오타니니까 말할 수 있는

오타니 쇼헤이가 미국대표팀과의 WBC 결승전을 앞두고 대표팀 동료에게 충격을 날렸다. 충격을 던진 발언을 영어로 번역하면 이렇게 된다.

If you admire them, you can't surpass them. We came here to surpass them, For one day, let's throw away our admiration for them. Just think about winning!

그들을 선망하기 시작하면 넘을 수 없어요. 우리는 정상을 차지하기 위해서 온 거니까, 오늘 하루만큼은 그들에 대한 선망을 잊고 이기는 것만 생각합시다.

마이크 트라웃(에인절스)과 무키 베츠(다저스) 등 메이저리그 수퍼스타들이 모인 미국대표팀은 271억 엔(약 2425억6000만원) 타선으로 통했다. 그런 호화 멤버에게 주눅이 들어서는 경기에서 이길 수 없다.

그래서 오타니가 'let's throw away our admiration for them(그들에 대한 선망하는 마음을 잊자)'이라고 당부한 것이다.

throw는 '던지다' away는 '떠나'를 의미하는 단어다. throw away가 되면 '버리다'를 의미하는 동사구가 되다. throw away trash(쓰레기를 버리다)라고 쓰는 게 일반적이나 이 동사구의 용례는 폭넓다. 버리는 것은 쓰레기 등 단순한 물건에만 국한되지 않고 시간이나 기회 등에도 사용된다. 'throw away the chance'라고 하면 '기회를 날리다'. 'that's like throwing money away'라고 하면 '돈을 낭비하는 것과 같다'.

미국 야구계에서도 넘버원이라는 평가를 받는 오타니 쇼헤이만이 입에 담을 수 있는 말일지도 모른다.

(23년 4월1일)

LESSON 64

Baseball kid

야구소년

오타니 쇼헤이가 본연의 힘을 발휘한 순간

WBC 8강 이탈리아와의 경기. 0-0이던 3회말 1사 1루에서 타석에 들어선 오타니는 초구에 세이프티 번트를 시도해 장내를 발칵 뒤집었다. 결과적으로 선취점을 불러들인 뜻밖의 플레이를 두고 경기 뒤 일본대표팀 구리야마 히데키 감독이 이렇게 말했다.

"(오타니가) '이 경기는 꼭 이기기 위해 플레이한다'는 야구소년(의 마음)이 됐다. 이런 부분에서 그의 훌륭함을 알 수 있다."

소년이라고 하면 남자아이를 말한다. baseball kid는 야구를 좋아하는 아이라고 해석할 수 있다. kid란 남녀 관계없이 사용되는 말이다. '어린이' '젊은이' '청년' 등 일반적으로 미성년자를 가리킨다. '풋내기'라는 뜻으로도 쓰인다. 아역배우는 kid actor다.

child는 조금 격식을 차릴 때 쓰는 말이다. "hey kids!"라고는 하지만 "hey child!"라고는 하지 않는다. 1965년 미국에서 히트한 스티브 맥퀸 주연의 〈The Cincinnati Kid〉는 신시내티에서 온 '남자'를 지칭한다.

이 kid에 ~ing를 붙인 것이 kidding. 일상대화에서 자주 나오는 단어로 놀림의 뉘앙스가 있는 농담을 뜻한다. 가장 많이 쓰이는 표현 중 하나가 "Are you kidding me?"로 '농담이지?' '거짓말이지?'로 번역된다. MLB 중계에서 아나운서들이 역전 끝내기 홈런이 나왔을 때 무심코 하는 문구이기도 하다. just kidding도 원어민들이 자주 쓰는 표현이다. 메일이나 인터넷에서는 'jk'라고 줄여 쓸 정도. '농담이야'라는 뜻이다.

"I won a lottery and became a billionaire! Just kidding!"
복권에 당첨돼 억만장자가 됐어! 농담이야!

(23년 4월14일)

LESSON 65

Battle for desire

욕구와의 투쟁

근육 증강을 위해 1일 7식

오타니 쇼헤이의 절제하는 식생활이 화제다. 오타니는 인터뷰에서 자주 "내 욕구와의 싸움(battle for desire)"이라는 문구를 입에 올렸다. desire는 '욕망' '소망'. '성욕'은 sexual desire라고 말한다. "I desire you"는 '나는 너를 원해'라는 좀 직접적인 표현이다.

미국 스포츠 사이트 〈write on sports〉(WOS)가 오타니의 식생활에 관한 연구논문을 게재하고 있다. 이에 따르면 오타니는 dietitian(등록 영양사)과 nutritionist(영양학자) 등 전문가 2명과 함께하고 있다. 일반적으로 MLB에서는 영양사 1명이 선수 1명을 담당한다. 등록 영양사는 칼로리 계산과 식단을 담당하는 데 미국에서 dietitian이 되려면 국가 자격증이 필요하다. WOS의 논문에는 이렇게 돼 있다.

오타니를 담당한 dietitian은 "He was very thin(오타니는 매우 말랐었다)"이라고 말했다. 오타니는 MLB 합류 직전이던 2018년 다르빗슈 유 등과 함께 자체 훈련을 했다. 이 기간 20파운드(약 9㎏)나 되는 straight muscle(골격근·횡문근 등 코어가 되는 근육)이라고 불리는 근육 증량에 성공했다. 당시 오타니는 하루에 일곱 끼나 먹었다.

참고로 메이저리그 선수는 경기 중 시간당 평균 500㎉를 소모한다고 한다.

The average MLB player burns about 500kilo calories an hour during a game.

(23년 4월21일)

LESSON 66

Obscene frisbee slider

이상한 프리스비 슬라이더

UFO에 비유되는 마구

오타니 쇼헤이의 '스위퍼'가 선풍적인 인기를 끌고 있다. 23년 4월까지 투수로 5경기에 선발 등판해 3승 무패. 평균자책점은 0.64을 기록하고 있다. 부문 아메리칸리그 전체 2위다. 압도적인 투구다. 그 투구의 중심이 되는 것이 날카롭고 크게 휘어지는 슬라이더다.

WBC 결승 미국과의 경기에서 오타니가 마이크 트라웃을 헛스윙 삼진으로 돌려세운 바로 그 구종이다. 스위퍼로 불리지만 미 미디어는 "obscene frisbee slider"라고도 표현하고 있다. 직역하면 '프리스비처럼 공기를 가르는 이상한 슬라이더'가 된다.

obscene이란 '외설적인' '수상한' '불쾌한' '이상한' '더러운' '야한' '음란한'이라는 의미가 있다. 예를 들면 obscene telephone이라고 하면 '음란 전화'를 말한다.

스위퍼(sweeper)의 어원은 sweep으로 '청소하다' '일소하다' '(쓱) 닦다'의 뜻이다. (스위퍼는) 뭐라고 정의하기 어렵다.

스위퍼를 두고 '구속 124㎞ 이상에 좌우로 그리는 투구궤적이 25㎝ 이상'이라고 설명하는 뉴스 보도도 있다. MLB 공식 사이트에 따르면 오타니의 스위퍼는 '구속 136㎞, 좌우 궤적이 45.72㎝'라고 돼 있다. 리그 평균을 크게 웃돈다. 실제 타자를 sweep하고 있다. 그런 의미에서 리그 최고 sweeper로 인정받고 있다.

'Pitching Ninja'라는 별칭으로 알려진 MLB 공인 투구 애널리스트 롭 프리드먼은 오타니의 슬라이더는 UFO type stuff(미확인비행물체 같은 구종)라고 주목했다. stuff란 '~것' '놈'이라는 의미가 있다. UFO에 비유될 정도니 오타니의 '스위퍼'는 '마구'라고 해도 좋지 않을까.

(23년 4월28일)

LESSON 67

Roller coaster game

천당과 지옥을 오가는 경기

'조마조마하다'의 재미있는 표현

23년 5월18일 볼티모어 오리올스와의 원정 대결. 미 미디어가 'roller coaster game' 또는 'dramatic win'이라는 제목을 단 경기다. 에인절스의 6-5 역전승으로 끝난 경기는 천당과 지옥을 오가는 경기 내용으로 팬들을 조마조마(nail biting game)하게 만들었다.

nail biting은 재미있는 표현이다. 인간은 조마조마할 때 손톱을 깨무는 버릇이 있는 것 같다. 먼저 1회초 오타니가 솔로포(시즌 10호)를 쏘아 올렸다. 여기에 마이크 트라웃이 3회초 2점 홈런(시즌 10호)을 터뜨려 4회까지 에인절스가 3-0으로 앞섰다.

5회말 오리올스의 반격이 시작됐다. 앤서니 산탄데르의 투런 홈런을 포함, 3점을 뽑아내 동점을 만들었다. 롤러코스터의 시작이다.

에인절스는 6회초 자크 네토가 2사 후 밀어쳐(hit to an opposite-field) 우익수 앞 적시타(RBI single)를 때려내며 한 점 앞서 나갔다. 네토는 오타니와 절친한 사이로 알려졌다. 마이너리그로 내려간 내야수 데이비드 플레처 대신 빅리그에 합류한 prospect(유망주)다.

7회말 1사 1루에서 오리올스 애들리 러치맨이 에인절스 투수 크리스 데벤스키의 몸쪽 패스트볼(fastball on the inside corner)을 잡아당겨(yank) 우측 담장을 넘겼다. 오리올스의 5-4 역전. yank란 '마음껏 당기다'라는 동사다.

에인절스는 8회초 1사 1·2루에서 9번 타자 지오 우르셀라가 동점타를 때려냈고, 이어진 2사 만루에서 오타니가 초구를 공략해 1루 방면 내야안타로 결승점(go-ahead run)을 올렸다. 오리올스 1루수 라이언 마운트캐슬이 다이빙 캐치로 포구했지만, 오타니가 1루 베이스를 밟는 게 빨랐다.

(23년 5월21일)

LESSON 68

Haven't stepped outside the hotel

호텔에서 한 발짝도 나가지 않아요

현지 기자가 기겁한 오타니의 절제

23년 4월 뉴욕 양키스와의 경기 뒤 오타니 쇼헤이 입에서 나온 코멘트가 화제가 됐다. 미 미디어에 둘러싸여 “What do you like doing in New York when you're here?(뉴욕을 즐기고 있나?)”라는 질문을 받자 오타니는 이렇게 대답했다.

“I actually haven't stepped outside the hotel in New York, so I couldn't give you an answer.”

“뉴욕 원정을 와도 호텔과 구장만 왕복할 뿐 숙소에서 한 발자국도 외출하지 않아서 할 말이 없다.”

뉴요커 기자들은 오타니의 자제력에 놀랐을 것이다. step outside는 ‘외출하다’ ‘밖으로 나가다’라는 뜻인데 이럴 때도 쓰인다.

일본에서는 싸움 걸 때 “효오에 데로(表へ出ろ·밖으로 나와)!”라는 상투적인 문구가 있다. 미국에서도 step outside를 써 “Do you want to step outside?”라고 말하면 “(한판 붙게) 밖으로 나갈까?”가 된다. 같은 문장에서 step을 go로 바꾸면 훨씬 온화한 표현이 돼 재미있다. “Do you want to go outside?”라고 하면 ‘외출할래?’ ‘놀러 갈래?’가 된다.

미 미디어에 있어 뉴욕은 자체로 ‘즐거움’이다. 브로드웨이, 42번가 타임스퀘어 등 온갖 오락거리와 밤의 유혹이 가득하다. 음식도 맛있다.

(23년 5월22일)

LESSON 69

Non-sexy stuff

수수한 일

섹시의 또 다른 의미

22년 여름 에인절스 감독에서 전격 해임된 조 매든이 자신의 저서 〈The Book of Joe〉를 출간한 뒤 프로모션을 위한 토크쇼에서 발언한 문구다.

매든 전 감독은 에인절스의 인프라 정비, 즉 팀 강화를 호소한 뒤 에인절스에게 필요한 것이라고 이렇게 말했다.

"non-sexy stuff that has to get better."

직역하면 "(팀을) 개선하기 위한 수수한 일". 오타니나 마이크 트라웃 등 스타에만 의존하지 말고 종합적으로 팀 전력을 향상할 필요를 역설한 것이다. 매든 전 감독이 sexy라는 단어를 사용한 것에 깜짝 놀란 팬도 있었을지 모르겠다. sexy에는 '색정적' '관능적' 등과는 별개로 '두근두근' '가슴이 두근거리는' '눈길을 끌다'라는 뜻도 있다. non-sexy는 반대로 '색기가 없는' '설레지 않는' '수수한' 등이 된다. 여담이나 sexy technology는 '섹스의 테크닉(기술)'이 아니다. 미국에선 '최첨단 기술'이라는 뜻이다.

이 sexy를 희희낙락하면서 쓴 일본의 정치인이 있다. 2019년 9월 고이즈미 신지로 당시 환경부 장관이 뉴욕 UN 본부를 방문했을 때 "기후 변동 문제에 임하는 것은 분명 섹시할 것입니다"라고 발언했다. 동행한 기자가 "기후 문제의 어디가 섹시한가?"라고 묻자 "그 질문에 대답하는 것은 섹시하지 않다" 등의 대화가 캠코더에 담겼다.

다시 돌아와서. 매든 전 감독은 마지막으로 이런 말도 했다.

"Angels would need to make a deep run in the playoffs."

에인절스는 (오타니 잔류를 위해서라도) 플레이오프를 향해 최대한 노력할 필요가 있다.

deep run을 의역하면 '전력 질주'라고 할 수 있을까.

(23년 6월2일)

LESSON 70

Angels's sloppy defense

에인절스의 허술한 수비

'칠칠치 못한 남자'를 뜻하는 대명사

오타니의 일거수일투족을 보도하고 있는 현지 언론 〈The Orange County Register〉도 에인절스의 형편없는 모습을 참을 수 없었나 보다.

6월3일 휴스턴 애스트로스와의 졸전을 제프 플레처 기자는 sloppy defense라고 거침없이 욕하고 있다.

sloppy란 '투박한' '엉망진창인' '투덜투덜하는' '헐거운' '끝맺음이 좋지 않은'이란 의미다. sloppy guy는 '약속을 지키지 않는 남자' '(바지 지퍼가 열려 있는 것도 눈치채지 못하는 그런) 칠칠치 못한 남자'를 뜻하는 대명사.

이날 경기에서 에인절스는 1-2로 지고 있던 4회말 연이어 나온 내야 땅볼 실책(They misplay two ground balls in the fourth inning)으로 5점을 내줬다. 결국, 애스트로스에 6-9로 졌다. 오타니는 4안타 2타점 2득점으로 활약했으나 팀 패배를 지켜봐야 했다.

플레처 기자는 "피칭, 타격, 그리고 수비 모두 기대 이하다. 특히 수비는 가장 실망스러웠다. 형편없는 경기(ugly game)였다"고 했다. 4회말 수비에 대해서는 "nightmare(악몽)"라고도 표현했다. 필 네빈 감독은 경기 후 "We shot ourselves in the foot(우리 스스로 발을 쏴 버렸다)"고 말했다. 나쁜 수비로 자멸했다는 뜻.

(23년 6월5일)

LESSON 71

Stay healthy

다치지 말아줘!

스즈키 세이야에게 전한 덕담

미 미디어와 필 네빈 감독이 MVP에 한 발 더 가까워진 오타니를 두고 쓰는 문구다. 직역하면 "건강하게 있어 줘"가 되지만 그 마음은 "다치지 말아줘!"라고 하는 팬의 외침으로도 이어진다.

Stay의 의미는 엄청나다. '(거기에) 머무르다' '체류하다' '어떤 상태로 있다' '주재'를 의미하는 동사이자 명사. stay there는 '거기에 있어라(움직이지 마라)!'. stay away는 '떨어져라' '다가가지 마라'. 그 외에도 '(회의나 수업을) 결석하다'라는 의미로도 쓰인다. stay with me(내 옆에 있어)라고 약간의 애정표현도 가능하다.

오타니가 23년 6월6일 시카고 컵스와의 경기 뒤 미디어로부터 컵스 외야수 스즈키 세이야에 대한 질문을 받았을 때 "건강한 상태로 경기에 나설 수 있다는 것이 가장 기쁘다. 세이야도 여기서 다치지 말고 시즌을 잘 보냈으면 좋겠다(stay healthy)"라고 덕담했다.

MVP 경쟁자 뉴욕 양키스 애런 저지에게 전하는 말일 수도 있다. 저지는 23년 6월3일 LA다저스와의 경기에서 우익수로 출장해 수비 중 오른발 엄지 타박상(bruise)과 인대 파열(ligament tear) 부상을 입었다. 저지는 부상선수명단(injury list·IL)에 이름을 올렸다.

부상은 오타니에게도 남의 일이 아니다. 오타니는 저지가 하루빨리 복귀해 당당히 승부하고 싶은 마음일 것이다. 오타니의 심정을 나타내는 데는 bring it on이라는 문구를 사용할 수 있을지도. 직역하면 '그걸 가져와'지만, 미 슬랭(slang)으로는 '들어와!'라고 상대를 도발하는 의미가 있다. 2004년 미 대선에서 민주당 대선후보 존 케리(오바마 행정부 국무장관)가 공화당의 부시 후보를 상대로 외쳐 유명해진 문구다.

(23년 6월14일)

LESSON 72

We can't put anything past Ohtani

오타니라면 할 수 있다

두 번째 MVP 수상

이번 시즌(23년)도 투타 모두에서 타이틀을 노릴만한 성적을 남긴 오타니 쇼헤이. 미 미디어는 벌써 "올시즌 MVP가 확실하다"라고 전망했다. 에인절스 전문매체 〈Halos Today〉의 노아 캠라스 기자도 그중 하나다. 캠라스 기자는 "오타니가 MVP가 되면 2021년에 이은 두 번째 수상이 된다"면서 "We can't put anything past Ohtani(오타니라면 할 수 있다)"라고 쓰고 있다.

직역하면 "오타니 앞에는 아무것도 둘 수 없다"다. 어렵다. 이 표현은 이디엄(idiom), 즉 관용구다. 긍정의 의미로도, 부정의 의미로도 쓸 수 있다.

예를 들어 "I wouldn't put it past him(her)"은 "그(그녀)라면 할 수 있다". 마지막에 동사를 덧붙여 "I wouldn't put it past them to divorce"라고 하면 "저 둘이면 이혼할 수도 있다"가 된다.

미국 스포츠 사이트 〈Bleacher report〉 재커리 라이머 기자도 오타니의 MVP 수상이 확실하다고 예상했다. "이대로 다치지 않고 제 컨디션을 유지하는 것(stay healthy), 투타에서 좋은 성적을 남길 것"이라는 단서를 달고 있기는 하다. 그는 기사에 'better numbers on both sides of the ball'이라고 재미있는 표현을 사용했다.

both sides of the ball은 '공의 양쪽'이라는 뜻으로 '던지는 공과 치는 공'으로 읽힌다. 즉 투수와 타자, 둘 다를 표현한 것이다. 그는 오타니의 스위퍼를 devastative slider(파멸적인 슬라이더)라고 쓰고 있다.

devastative란 전쟁 등에 의해 모든 것이 다 타버린 상태를 나타낼 때도 쓰이는 단어다. 오타니의 결정구에 그만큼 위력이 있다.

(23년 6월16일)

LESSON 73

Pretty happy in California

오타니가 캘리포니아에서 그럭저럭 행복해 보이네

애런 저지도 주목하는 오타니의 거취

23년 7월 말의 트레이드 마감을 앞두고 미 미디어에서 오타니의 거취 보도가 과열 양상을 띠고 있다. 타 구단 선수들도 코멘트를 요구받는 일이 잦다. 〈New York Post〉가 홈런왕 경쟁의 라이벌 뉴욕 양키스 애런 저지의 코멘트를 실었다.

"(He's) pretty happy in California."

정확하게는 "I think he's pretty happy in california"다. 문구 앞에 I think(내 생각에)라고 전제하고 있지만 "오타니는 캘리포니아에서 그럭저럭 행복한 것 같네"라고 말하고 있다. pretty는 '귀엽다' '멋진'이라는 뜻 외에 '그럭저럭'이라는 뉘앙스도 가진다. very good은 '매우 좋다.' 이게 pretty good이 되면 '그럭저럭 좋다'가 된다. 저지가 말한 pretty happy도 이쪽 뉘앙스에 가까울 것이다.

저지는 올스타 경기 아메리칸리그 올스타팀 동료로 오타니와 얼굴을 마주한 적이 있다. 저지는 "그의 트레이드를 얘깃거리삼은 적은 없다"라면서도 이렇게 말했다.

"but you never know. FA is wild thing. anything can pop up."
"하지만 아무도 모른다. FA는 예측 불가능해서 무슨 일이 일어날지 모른다."

Pop up이란 컴퓨터 용어로는 'PC의 화면상에 갑자기 나타나는 작은 화면'을 말한다. 예기치 않은 일이 일어난다는 뜻이다. wild는 '야생의' '러프한' '폭력적인' '파란만장의' '돌연한'. 저지는 'FA에서는 뜬금없는 일, 무슨 일이 일어날지 모른다'고 암시하는 것이다.

(23년 6월23일)

LESSON 74

He kept us at bay

오타니는 우리에게 파고들 틈을 주지 않았다

두 경기 연속 완봉승

23년 6월20일부터 이틀간 프리웨이시리즈(다저스 vs 에인절스)가 열렸다. 다저스가 2경기 연속 완봉승으로 완승했다. 직후 데이브 로버츠 다저스 감독이 한 말이다.

he kept us at bay.
오타니는 우리에게 파고들 틈을 주지 않았다.

keep us at bay는 미영 회화의 관용구. bay는 본래 Tokyo bay(도쿄만)처럼 '항구'나 '만'을 가리키는 말로, 직역하면 '그가 우리를 항구에서 막았다'지만 여기에서는 "오타니가 우리들의 움직임을 막았다" "오타니가 우리에게 파고들 틈을 주지 않았다"가 된다.

용어 예로서는 keep panic at bay는 '패닉 상태를 억제한다(막는다)'. 묘령의 딸을 둔 아버지의 마음으로는 keep boys at bay(딸에게 남자들의 접근을 차단한다)라는 문구를 쓸 수 있다.

오타니는 6월21일 열린 경기 4만4760명의 관중 앞에서 선발투수이자 2번 지명타자로 투타겸업했다. 7이닝 동안 101개의 공을 던져 77개의 스트라이크를 기록했다. 탈삼진은 12개. 1실점(프레디 프리먼의 솔로홈런)으로 잘 던졌다. 일본식으로 표현하면 호투에도 타선 지원 없이(Angels wasted one of Ohtani's best pitching performance) 패전투수가 됐다. 경기는 에인절스가 0-2로 졌다.

현지 신문이 쓴 wasted는 waste의 과거형이다. '(오타니의 호투를) 헛되게 했다' '못 본 체했다'라는 의미다. waste box는 '쓰레기통'. "오타니의 호투를 쓰레기통에 버렸다"고 전하는 것이다. 오타니는 경기 뒤 "I felt the most comfortable on the mound this year(던지는 느낌은 이번 시즌 가장 좋았던 것 같다)"라고 말했다.

(23년 6월25일)

LESSON 75

God correspondence

오타니의 '성의를 다한 대응'

극찬받은 오타니의 '팬 서비스'

오타니 쇼헤이의 성의를 다한 대응(god correspondence)을 나타내는 에피소드 하나. correspondence는 '대응' '(편지나 마음의)교환' '통신'을 의미한다. '교류'라는 의미에서 correspondent는 '특파원'을 말한다.

22년 7월13일 휴스턴 애스트로스와의 홈경기에서 3-1로 앞서던 6회말의 일이다. 대기 타석에 자리한 오타니. 그에게 백네트 뒤 맨 앞줄에 앉아 있던 고령의 남성이 말을 걸었다. 그 남성의 옆에는 아름다운 여성이 앉아 있었다. 그는 그 여성을 가리키며 "How about my daughter?(어때, 우리 딸?)"라고 말한 것 같다. 여기서 오타니가 '오타니다운' 반응을 보였다.

경기 중임에도 오타니는 배트를 감싸 안은 채 그 부녀를 향해 함박웃음을 지으며 말없이 고개를 끄덕여 보인 것이다. 여성은 부끄러운 듯 얼굴을 붉혔다. 그 장면을 보고 있던 아나운서는 순간 오타니의 팬서비스 정신을 "god correspondence"라고 표현했다.

MLB 공식 사이트 동영상 코너 〈Cut 4〉에서도 다뤄진 부녀와 오타니의 대화를 보고 팬들의 다양한 반응이 나왔다.

'Cute dad and daughter(장난스러운 아버지와 딸)' 'Wow……I envy(와우, 부럽네요)' 'Smile and god-friendly(미소와 엄청 대단한 친근함)' 'Best player Shohei Ohtani will never forget the fan service(최고의 선수 오타니 쇼헤이는 팬 서비스도 대단하다)'라고 극찬했다.

god correspondence가 '성의를 다한 팬서비스'라면 반대로 '냉담한 팬서비스'는? 비속어로는 'cold shoulder(차가운 반응, 무뚝뚝한 반응)'라고 표현된다.

(23년 6월30일)

LESSON 76

Travel 454 feet

454 피트의 여행

어둠 속으로 사라진 타구

23년 7월2일 애리조나 다이아몬드백스와의 경기에서 오타니가 31호 홈런을 때렸을 때 지역 신문이 묘사한 문구다. 이 홈런은 오타니의 시즌 최장 비거리를 기록했다. 경기는 5-2로 에인절스가 이겼다. 그 상황을 지역 신문은 이렇게 묘사하고 있다.

"Ohtani's traveled 454 feet before it bounced into the darkness of a tunnel in the right field bleachers."

"오타니의 타구는 454피트(약 138m)의 여행 끝에 우측 담장 넘어 관객석에 있는 통로(tunnel)의 어둠 속으로 사라졌다."

공이 날고 있는 모습을 travel이라고 표현한 것이 재미있다. travel은 아시다시피 '여행' '이동'을 의미한다. 오타니의 공이 마치 우주여행을 다녀온 듯한 표현이다. 오타니의 홈런 타구를 moon shot이라고 외치는 아나운서도 있다.

space travel은 '우주여행'. traveler는 '여행자' '나그네'를 말한다. travel agency는 여행대리점. 일자리를 구하기 위해 이곳저곳 다니는 것도 'travel'이라는 단어를 사용한다.

여행을 뜻하는 말로는 trip, journey, tour 등이 있다. trip은 '소풍처럼 짧은 여행'을 말한다. honeymoon trip은 신혼여행. journey man(여행자)은 세계 각지를 돌아다니는 프로 골퍼들이 자기소개 할 때 쓰이곤 한다. "I am a journeyman"이라고 말이다. 야구에서는 '한 팀에 정착하지 못하고 이 팀 저 팀을 옮겨 다니는 선수'를 지칭하기도 한다.

(23년 7월4일)

LESSON 77

Defy description

필설로 다 할 수 없는 활약

마침내 쓰이는 궁극의 표현

23년 6월 오타니 쇼헤이의 활약상에 미 미디어도 표현할 말이 없었나 보다. 6월 팀이 치른 27경기에 모두 선발 출장해 타자로 타율 3할9푼4리 15홈런 29타점 4도루를 기록했다. 월간 15홈런은 구단 신기록. 역대 메이저리그 일본인 선수 월간 최다 홈런 기록이기도 하다. 폭발적인 타격에 힘입어 오타니는 AL 월간 MVP(개인 통산 세 번째)에 올랐다.

그동안 amazing(훌륭한) he is not human(인간이 아닌) unreal(비현실적인) otherworldly(다른 세계의, 다른 차원의) incredible(믿을 수 없는) 등의 미사여구를 구사해 온 미 미디어 기자들도 마침내 defy description(필설로 다 하기 어렵다)는 궁극의 표현을 쓰기 시작했다.

지역 신문 〈The Orange County Register〉도 기사의 서두로 "As Shohei Ohtani continues to defy description(오타니 쇼헤이가 필설로 다 할 수 없는 활약을 계속하고 있다)"이라고 쓰고 있다.

description은 '표현' '묘사' '설명' '품종' '형용'이라는 의미가 있다. defy는 '반항하다' '거역하다' '무시하다' '도전하다'라고 하는 동사다. 미디어도 (오타니의 활약에) 두 손 두 발 다 든 듯하다. 같은 표현으로 'beyond description'이 있다.

예를 들어 "His room is dirty beyond description"이라고 하면 "그의 방은 어떻게 표현할 수 없을 정도로 더럽다"를 뜻한다. "She is very beautiful beyond description"은 "그녀는 형언할 수 없을 정도로 아름답다"가 된다.

6월 오타니의 활약은 말 그대로 말이 안 될 정도다. 관중석 팬들이 "MVP!" "MVP!"를 합창하는 게 일상다반사다. 오타니는 MVP 콜에 대해 "It gives me a lot of motivation to do better(열심히 해야 할 동기 부여해 준다)"라고 코멘트.

(23년 7월7일)

LESSON 78

Field hospital

야전 병원

눈을 가리고 싶어지는 참상

23년 전반기 막판 에인절스가 연패를 거듭하며 나락으로 떨어지고 있다. 현지 미디어는 에인절스의 참상을 두고 an injury-ravaged lineup(부상투성이 라인업)이라고 표현하고 있다.

ravaged는 '황폐한' '너덜너덜한'을 의미하는 형용사. 실제로 에인절스는 마이크 트라웃, 앤서니 렌던, 지오 어셀라, 로건 오하피, 잭 네토, 브랜든 드루리 등 부상자가 속출했다. 팬이 아니더라도 눈을 가리고 싶어지는 모습을 미 미디어는 "field hospital(야전 병원)"이라고 표현한다. 전반기 마지막 20경기를 6승 14패로 마감한 에인절스는 마침내 승률 5할이 무너졌다.

"I'm not going to use the injuries (as an excuse)"는 필 네빈 감독 대행의 코멘트. 번역하면 "부상자 핑계를 대고 싶지 않다". 하지만 이 말 자체가 이미 변명이지 않을까.

선수들에게서도 거침없는 코멘트가 나오고 있다. 불펜 투수 제이콥 웹(현 오리올스)은 frustrating(불만스럽다), It's just irritating(짜증난다) 등 불평을 연발했다. 보는 팬들도 마찬가지일 것이다.

그렇다고 플레이오프를 포기한 것은 아니다. 에인절스 선수들은 입에 grinding이라는 말을 달고 다닌다. grind는 '(후추 등을) 빻다'라는 뜻이다. 슬랭(slang)에서는 '열심히 노력하다', '뼈를 부러뜨리다' 등의 의미가 있다.

한편 WBC에서 일본 대표로 뛴 세인트루이스 카디널스의 라즈 눗바의 퍼포먼스가 큰 화제가 됐다. pepper mill(페퍼 그라인더)을 두 손으로 비트는 그 동작은 '팀을 위해 몸이 가루가 될 정도로 온 힘을 다한다'라는 의미가 담겨 있다.

(23년 7월14일)

LESSON 79

On the verge of meltdown

붕괴 직전

에인절스의 플레이오프 진출 가능성

마이크 트라웃의 부상 직후 지역 매체 〈The Orange County Register〉가 쓴 문구다. meltdown이란 과학용어로 '노심용융이라고 하는 원자로의 중대사고'를 가리키는 말이다. 2011년 동일본 대지진 때 발생한 후쿠시마 제1 원전 사고 보도에서 자주 등장한 단어다.

주식시장에서도 주가 폭락 직전이라는 뜻으로 사용된다. on the verge는 '벼랑 끝 상태'를 가리킨다. 에인절스가 붕괴 직전인 셈이다. 여담이지만 이혼 직전의 부부는 couple on the verge of divorce라고 한다.

야구 데이터 사이트 〈Fan Graphs〉는 에인절스의 플레이오프 진출 가능성을 6.9%로 줄였다. 몇몇 미 미디어는 이런 데이터에 주목했다. 와일드카드 시스템이 도입된 1995년 이후 플레이오프에 진출한 팀은 총 238개. 그중 전반기 승률이 5할이 채 안 되는 팀은 고작 11개뿐이다. 11개 팀 중 월드시리즈 우승팀이 있을까? 단 한 팀 있다. 21시즌 전반기 승률 5할을 밑돌던 애틀랜타 브레이브스다. 에인절스에도 희망은 있다. 외야수 미키 모니악이 각오를 전했다.

"Just keep going, taking it one day at a time."
어쨌든 전진할 뿐. 하루하루 착실하게 (승수를 쌓아) 나아가야 한다.

take it one day at a time은 "눈앞의 일에 착실히 임하다"는 뜻의 관용구다.

(23년 7월21일)

LESSON 80

Take it or leave it!

멋대로 해라!

뉴욕 양키스 상대로 홈런이 많은 이유는?

오타니 쇼헤이가 MVP에 오른 21시즌의 일이다. 6월 말 뉴욕 양키스와의 원정 3연전 동안 오타니는 홈런을 3개 기록했다. 그때 스포츠 베팅 정보를 제공하는 〈SPORTSGRID RADIO〉의 케빈 월시 기자가 유튜브에서 외친 게 이 문구다.

"Take it or leave it!"
"이젠 멋대로 해줘!"

월시 기자는 양키스 팬인가 보다. 오타니의 활약을 전하면서 살짝 딴지 거는 뉘앙스를 곁들였다. "오타니는 왜 양키스와 만나면 홈런이 많을까. 양키스타디움은 다른 구장에 비해 좁아 우중간 타구가 바람을 타고 홈런이 된다."

take는 '잡다' '(시간이나 비용이) 들다'다. leave는 '떠나다.' "take it or leave it"은 가격 협상 등에서 "더는 싸게 할 수 없으니 결정해. 싫으면 그만두고"라고 상대를 압박할 때도 사용된다. 커플이 싸울 때나 헤어질 때 남자(혹은 여자)가 상대에게 던지는 대사로도 "take it or leave it(네 멋대로 해라!)"이 쓰인다. 필자도 뉴욕 취재 중 뉴요커가 거리에서 이 문구를 외치며 고함을 지르는 장면을 여러 차례 목격했다.

오타니로 화제를 돌리자. 월시 기자의 코멘트는 경쟁자들의 "그만 좀 해줘!"라는 외침을 대신한 게 아닐까. 미국인들이 자주 사용하는 문구에 "Give me a break"가 있다. 직역으로는 '휴식을 줘'지만 그 마음은 "이제 지긋지긋하다. 용서해줘"가 된다.

(23년 7월28일)

LESSON 81

I will finish it!

내가 끝낼게!

오타니 나름의 의사 표시

무심한 영어 문구지만 오타니의 입을 통하면 명언이 되니 신기하다. 23년 7월 27일 디트로이트 타이거스와의 더블헤더 첫 경기. 선발 등판한 오타니가 8회까지 1피안타 호투를 펼쳤다. 필 네빈 감독이 오타니에게 9회 어떻게 하고 싶은지 물었을 때 곧바로 답이 나왔다.

I will finish it.
내가 끝내겠다.

완투(complete game) 의사를 분명히 밝힌 것이다. 미 미디어에 따르면 쇼헤이는 네빈 감독의 눈을 바라보며(Shohei looked his manager in the eye) 확실히 몇 단어의 말로 자신의 의사를 나타냈다(in just a few words, left no doubt of his intentions).

에인절스 구단은 오타니 트레이드 불가 메시지를 내놨고 오타니도 화답했다. 오타니 나름의 메시지를 구단(organization)과 팬들에게 보여줬다고 볼 수도 있다. finish는 '끝내다' '완료하다'를 가리키는 말이다. 부모가 아이에게 "finish homework(빨리 숙제해라)"처럼 재촉할 때도 사용된다.

80년대 뉴욕 맨해튼 외곽 퀸스의 포레스트힐스에서 열린 US오픈 테니스 경기장(현재는 플러싱 메도우) 밖에서 카메라맨과 둘이 존 매켄로의 모습을 집요하게 쫓고 있을 때다. '악동'라는 별명을 가진 매켄로가 갑자기 우리에게 다가와 "Are you finished? Get lost!(촬영은 끝났나? 꺼져!)라고 낮은 소리로 으르렁댔던 것이 생각났다.

(23년 7월30일)

LESSON 82

Roll the dice

운에 맡기는 승부

잠을 못 자는 단장과 10시간 자는 오타니

23년 7월25일 에인절스 페리 미나시안 단장이 미디어 앞에서 '오타니 트레이드 불가 선언'을 하면서 말한 문구다.

We're going to roll the dice and see what happens.
우리는 주사위를 굴렸고, 이제 무슨 일이 일어나는지 지켜보자.

미 미디어는 "They've chosen the gamble(에인절스가 도박을 선택했다)"이라고 보도했다.

dice는 '주사위'다. roll the dice는 직역하면 '주사위를 굴리다'. '운에 맡기다'는 의미다. 에인절스는 오타니 쇼헤이와 함께 간다는 결단을 내렸다. 하지만 오타니가 FA 협상에서 에인절스에 남는다는 보장은 없다.

에인절스도 마지막까지 고민이 깊었던 것으로 보인다. 미나시안 단장은 "I never went up to Shohei and said 'Hey, we're not trading you'(나는 쇼헤이에게 '이봐, 우린 널 트레이드하지 않을 거야'라고 말한 적이 없다)"라고 했다. 아르투로 모레노 구단주가 최종 결정을 내리면서 미나시안 단장이 부담을 내려놓은 게 분명하다. 단장은 이어 "I can go to bed at night and say, 'You know what, we did this for the right reason' 밤에 잠을 자러 가서 나에게 '알지, 타당한 이유가 있어 이런 결정을 내린 거야'라고 말할 거다"이라고 말했다.

You know what은 자주 사용되는 문구다. '있잖아' '(그러고 보니) 알겠지만'과 같은 뉘앙스로 화제를 꺼낼 때 쓴다. 미나시안 단장이 오타니의 거취를 두고 잠 못 이루는 밤을 맞으며 자문자답한다는 고백은 웃긴다. 하루 10시간 이상 잠을 자는 오타니와 대조된다.

(23년 8월4일)

LESSON 83

Here comes! Shohei Ohtani!

오타니 쇼헤이 등장이요!

오타니가 나올 때를 알리는 방송 단골 메뉴

미 미디어는 오타니 쇼헤이를 두고 Most feared player in baseball(메이저리그에서 가장 두려운 선수)라고 부른다.

최근에는 (오타니를 향한) 고의4구(intentional walk) 남발에 타 팀 팬들도 자기 팀에게 야유를 폭풍같이 퍼붓고 있다. 아나운서도 오타니가 타석이나 마운드로 향하는 장면에서 이렇게 외치는 일이 많아졌다.

Here comes! Shohei Ohtani!

오타니 쇼헤이 등장이요!

직역하면 '여기가 온다'라고 이상해지지만, 의역하면 '○○의 등장이다!'라는 의미로 쓰인다. 무대에서 사회자가 주역을 불러들일 때도 사용된다.

비슷한 문구의 "Here we go!"도 무엇인가를 시작할 때 쓰는 말. '있다' '찾았다' '자~ 간다'라고 할 때 쓰인다.

23년 8월9일 샌프란시스코 자이언츠와의 경기에서 오타니가 시즌 10승째를 올렸을 때도 아나운서는 "Here comes, Shohei!"라고 외쳤다.

에인절스 3루수 마이크 무스타커스가 경기 뒤 밝힌 코멘트에도 흥분이 묻어있었다. 6월 트레이드로 에인절스에 합류한 무스타커스는 이날 3점 홈런을 때려내며 오타니 승리에 힘을 보탰다.

We never stopped fighting. We never gave up. We never started doubting ourselves.

우리는 결코 경쟁을 멈추지 않는다. 우리는 결단코 포기하지 않는다. 우리는 스스로를 의심하지 않는다.

never를 3차례나 사용하며 에인절스의 높아진 사기를 감추지 않았다.

(23년 8월18일)

LESSON 84

I'm back

돌아왔다!

마이크 트라웃의 강력한 복귀 선언

아놀드 슈왈제네거 주연의 영화 〈터미네이터〉(84년)에 나오는 유명한 대사다.

마이크 트라웃이 8월22일 신시내티 레즈와의 경기를 앞두고 복귀 선언을 했을 때 이 대사를 써먹었다. 이날 트라웃은 더그아웃에 모인 몇몇 기자 앞에서(in front of a handful of media members) 즉석 인터뷰했다.

영화에선 “I'll be back(반드시 돌아오겠다)”이라고 했다. 이걸 MVP를 3차례 차지한 트라웃이 웃으며 말하니 설득력이 있다.

a handful이란 ‘소수의’ ‘한 줌의’를 의미한다. 혹은 ‘감당할 수 없는(놈, 일)’이라는 형용사로 쓰기도 한다. 트라웃은 이어 “We're not out of it(아직 끝난 것이 아니다)”이라고 했다. out of it은 ‘퇴장하다’ ‘나가다’의 의미다. ‘(에인절스의 시즌이) 아직 끝난 것이 아니다’라고 말하는 것이다.

You never know. I've seen some crazy staff. We've got a group of guys that won't stop fighting.

잘 알겠지만, 우리에게는 열광적인 동료들이 있고, 경쟁을 멈추지 않는 팀원들이 있다.

(23년 8월23일)

LESSON 85

Arm fatigue

팔의 피로

누적된 피로를 이겨내는 힘

오타니 쇼헤이의 팔에 쌓이는 피로(arm fatigue)가 점점 신경 쓰인다. 23년 8월23일 신시내티 레즈와의 경기에서 1회말 투런 홈런(시즌 44호)을 쳤지만 2회초 팔을 감싸고 피로를 호소하며 강판 됐기 때문이다. 투구수는 불과 26개.

미일 미디어는 갈수록 더 난리다. 이미 오타니가 지난 15일 예정된 선발 로테이션을 한번 걸렀기(skip his next turn in the rotation) 때문이다.

필 네빈 감독은 "It is his arm, not an injury, just tired(팔 부상이 아니다. 단지 피로가 쌓인 것일 뿐이다)"라며 지나친 추측을 잠재우려 애썼다.

Ohtani connected off.

8월13일 휴스턴 애스트로스와의 경기에서 오타니가 가운데 담장을 넘기는 448피트(약 136.6m)짜리 특대 솔로 홈런(시즌 41호)을 쏘아 올리자 〈AP통신〉이 전한 문구다.

일반적으로 홈런을 hit a home run이라고 쓴다. 오타니의 홈런을 두고 connect off라고 쓴 것은 오타니가 컨디션이 좋지 않음에도 파워를 선보이며 상대의 공을 받아쳤다는 모습을 묘사하기 위함이 아닐까.

connect off는 '(야구용어로는) 안타를 치다'. 농구 등에서는 '패스에 성공하다'로 쓰인다.

(23년 8월24일)

LESSON 86

Sense of obligation

오타니 쇼헤이의 의리

'세계 제일'이라는 오타니의 '공약'

오타니 쇼헤이의 속마음을 알아맞히는 문구가 아닐까. 22시즌 트레이드 마감을 앞두고 〈LA타임스〉 7월18일자에 칼럼니스트 딜런 에르난데스가 이렇게 썼다.

Their only choice is to wait and hope that his Japanese sense of obligation keeps him here.

일본인들이 가지고 있는 특유의 의리에 호소해 오타니가 (에인절스에) 남기를 기대하며 기다리는 것만이 (에인절스의) 유일한 선택이다.

에르난데스 기자는 에인절스가 오타니가 원하는 대로 투타겸업을 서포트 해 현재 활약을 이끌었다는 배경을 먼저 거론했다. 그는 "에인절스는 이런 사실에 힘입어 오타니의 선택을 기대하고 있다"라며 "일본인은 끈끈한 의리가 있다는 통념을 믿고 있는 듯하다"라고 썼다.

첫머리에 나오는 sense는 '느끼다'라는 동사와 '감성' '감각'을 나타내는 명사. make sense라고 하면 '의미가 있는' '도리에 맞는'이 된다. 반대로 "It doesn't make sense"라고 하면 '통용되지 않는' '의미가 없는'이다. sense는 sense of responsibility(책임감)나 sense of mission(사명감)같은 식으로도 응용할 수 있다.

오타니는 MLB 입성을 앞두고 이렇게 발언했다.

As someone aiming to be the No.1 player in the world, I think it's a place you have to pass through.

세계 제일의 선수를 목표로 한다면 세계 제일의 팀을 경험할 필요가 있다고 생각한다.

에르난데스 기자는 이 발언이 "오타니 스스로 다짐한 공약"으로 들린다고 했다. FA를 앞두고 "세계 최고의 팀을 경험할 필요가 있다"고 했던 오타니의 공약이 다시 주목받을지도 모른다.

(23년 8월25일)

LESSON 87

Are you real?

진짜야?

수퍼스타 오타니와 첫 만남

TV 리얼리티 프로그램 등에서 일반인이 어슬렁어슬렁 걸어 다니는 유명 연예인을 봤을 때 "진짜야?(You are real?)"라며 놀라거나 좋아하거나 하는 장면이 나오기도 한다.

이와 똑같은 일이 메이저리그 경기 중 그라운드(미국식으로는 필드)에서 벌어졌다. 오타니가 팔꿈치 인대 손상으로 올시즌 더는 투수로 뛰기 힘들 수 있다는 전망이 나온 직후의 일이다.

23년 8월23일 신시내티 레즈와의 더블헤더 두 번째 경기. 첫 경기에서 오타니는 팔의 피로를 호소하며 26구만 던지고 강판 됐다. (병원 검진 결과 팔꿈치 인대 손상 진단)

그럼에도 오타니는 더블헤더 두 번째 경기에서 지명타자(DH)로 출장. 3번째 타석에 2루타를 쳤다. 2루에서 오타니를 맞이한 선수는 레즈의 도미니카 출신 신인 유격수 엘리 데 라 크루즈(21)다. 올 6월 메이저리그에 첫 출장 한 그다. 빅리거 2개월 차.

데 라 크루즈가 2루 베이스 위에 서서 웃고 있는 오타니를 놀리듯 말을 걸었다. 한없이 기쁜 표정으로.

Are you real?
진짜야?

말로만 듣던 수퍼스타를 처음 가까이 한 것이 아니었을까. TV 중계화면으로 둘의 대화를 지켜본 팬들도 흐뭇하게 생각할 장면이었다. real은 '진짜' '실재'를 의미하는 형용사이자 명사. '매우'라는 의미의 부사로도 사용된다.

호주 방송 〈ABC〉가 WBC 때 호주 선수들이 오타니를 보고 싶어 국가대표 자리를 경쟁했다는 에피소드를 소개한 바 있다.

그 순간 데 라 크루즈도 상대 팀 선수가 아니라 완전히 팬 중 한 명이라는 표정이 돼 있었다.

(23년 8월27일)

LESSON 88

The first legit 70-homer hitter!

아메리칸리그 최초로 70홈런을 칠 수 있어!

뉴욕 양키스에서 뛴다면

오타니의 오른쪽 팔꿈치 인대 손상이 확인되자 〈New York Post〉(23년 8월 26일자) 명물 기자 존 헤이먼이 오타니에게 공개서한(open letter)을 보냈다.

헤이먼 기자는 지난해(22년) MVP 경쟁에서는 일관되게 애런 저지(뉴욕 양키스)를 응원했지만, 올시즌은 벌써 'MVP는 오타니'라고 선언하고 있다. 그는 "6년 전 '(오타니는) 팀(양키스)을 좋아하지만 (내가) 뉴욕에서 뛰는 모습이 잘 연상되지 않는다(you loved the organization, you couldn't see yourself in a big city)"고 했다. 이어 "그 후 6년간 미국 전역을 날아다니며 활약한 너를 보고 (당시 메이저리그 적응과 활약에 의문부호를 가진 사람들의) 생각이 바뀌었을 것"이라며 "제발 뉴욕(양키스나 메츠)으로 오라"고 please라는 말을 써가며 간청하고 있다.

그는 또 "뉴욕에 오면 양키스타디움에서 대기록을 달성할 수 있다. 네가 풀스윙(you lift and pull the ball)하면 공은 장외로 날아간다(it'd be out in Yankee Stadium). 양키스의 핀스트라이프를 입고 아메리칸리그 최초로 한 시즌 70홈런을 달성하는 타자가 될 수 있다(In Pinstripes, you might become the first legit 70-homer hitter)"라고까지 추켜세우고 있다.

legit은 '진짜' '틀림없이'를 가리키는 형용사.

헤이먼 기자는 농담조로 이런 문구도 담았다.

it may take you two days to drive up to LA every day.

(LA다저스에 가면 교통체증으로 악명 높은 다저스타디움까지) 편도 이틀이나 걸릴 거야.

뉴욕에서는 양키스와 메츠의 두 구장 모두 지하철로 다닐 수 있다.

(23년 8월28일)

LESSON 89

How bad he wants to play!

진짜진짜 뛰고 싶다!

팬들과 미디어가 기다려온 부활

23년 8월23일 미 야구계가 얼어붙었다(baseball world was rocked). 오타니 쇼헤이가 오른쪽 팔꿈치 인대 손상으로 남은 시즌 투수로 뛰기 힘들 것이라는 전망이 나온 것이다.

에인절스 페리 미나시안 단장은 신시내티 레즈와의 더블헤더(DH) 1차전 후 미디어와 인터뷰했다.

I know how bad he wants to play.

오타니가 얼마나 뛰고 싶어하는지 알고 있다.

how bad는 '매우 나쁘다'가 아니라 '열심히 ~한다(갈망하다)'를 나타내는 슬랭(slang). 예를 들면 I love her so badly는 "나는 그녀를 참을 수 없을 정도로 사랑한다"가 된다.

팬과 미디어는 오타니의 플레이를 보고 싶어 한다. 더블헤더 두 번째 경기(DH2), 오타니가 지명타자(DH)로 타석에 들어섰을 때 아나운서가 무심코 내뱉은 말이 재미있다. 겨우 두 단어지만 오타니를 표현하기에 딱이다.

Absolutely amazing!

정말로 대단하다!

지명타자 기용도 어렵지 않겠냐고 속삭이던 상황에서 타석에 나타난 오타니에 대한 경외감과 그의 플레이에 대한 애착을 향한 최대한의 찬사가 아니었을까.

absolutely는 '절대로' '무조건으로'를 의미한다. 예를 들어 상대방과의 대화에서 "그는 대단한 사람"이라는 말에 맞장구칠 때도 absolutely(그렇고말고, 정말로 그렇다, 물론이다)가 쓰인다. amazing도 '놀랍도록 멋진'으로 absolutely와 마찬가지로 최상급 찬사를 전할 때 쓰인다. 동의어에는 awesome도 있다.

(23년 9월1일)

LESSON 90

Tingling September

아찔한 9월

일본의 여름을 나타내는 표현

오타니가 MVP에 오른 21시즌 종료 직전인 9월 말. 홈 최종전을 마치고 기자들에게 코멘트했다.

"내년에는 아찔한 9월(tingling September)을 보내고 싶다."

오타니는 타자로 46홈런을, 투수로 9승 평균자책점 3.18 탈삼진 156개를 각각 기록했다. 압도적인 성적에 만장일치 MVP가 됐다. 하지만 에인절스는 와일드카드를 손에 넣지 못했고 오타니는 포스트시즌(PS)이 주는 도취감(euphoria)을 느끼지 못했다.

오타니는 통역(미즈하라 이페이)을 통해(through the interpreter) 미디어에 이렇게 말했다.

September should be a month when I'm tingling with excitement.
9월은 흥분으로 아찔한 한 달로 보내고 싶다.

tingling은 '(따끔 같은) 가벼운 자극'을 의미한다. tingling hot은 '(피부가) 따끔따끔하다'. 일본의 7월과 8월 날씨가 이렇다. I got a tingle은 '심쿵'을 의미한다. '무덥고 끈적끈적하다'라고 할 때 쓰는 단어로 sticky도 있다. 대화로는 "it is a sticky day"라고 쓸 수 있다.

바이든 미국 대통령이 섭씨 46도가 넘는 날씨에 "killer heat(살인적인 폭염)"이라는 표현을 썼다. 포스트시즌을 향한 싸움도 heat up이다. '치열한 9월'은 heat up in September라고 표현할 수 있다. high heat은 '고열' '센 불'을 의미하는 것 외에도 야구용어로는 '높은 직구'를 가리킨다. MLB 관련 매체에 토크 프로그램 〈High Heat〉이 있다. 일본식으로 말하면 〈말하고 싶은 대로〉 또는 〈직구 승부〉라고 할까.

(23년 9월3일)

LESSON 91

The boys are fired up

기합이 들어 있다!

오타니와 뛸 수 있는 행복

에인절스가 포스트시즌 진출 실패 뒤 선수단을 정리하는 해체작업(Angels dismantling)을 진행하는 중 오타니가 한 말이 아니다.

약 3개월 전인 23년 6월15일 텍사스 레인저스와 경기에서 투런 홈런(시즌 22호)을 때려내며 승리투수(6승 2패)가 된 오타니는 의기양양하게 말했다.

the boys are fired up.

선수들이 기합이 들어 있다.

boys는 '선수' '동료'를 말한다. fired up은 '불타고 있다' '흥분하다'의 의미. 승률 5할을 넘었던 시기여서 그런지 플레이오프(PO)를 목표로 하는 팀의 일체감이 느껴졌다.

그로부터 대략 2개월이 지난 8월16일 레인저스와의 경기에서 오타니가 홈런(시즌 42호)을 기록한 다음 날 한 팬의 블로그에는 이런 문구가 실렸다.

What a home run... But why teammates react just a few who smile... It's 42 and still counting... You guys should be proud and happy play with him... Before he left.

멋진 홈런이야. 하지만 오타니가 베이스를 한 바퀴 돌고 더그아웃으로 돌아와도 웃는 얼굴로 맞는 팀 동료는 몇 명뿐. 42호 홈런이라고, 아직 더 늘어날 거라고. 오타니와 함께 플레이하고 있는 것을 더 자랑스러워해야 하고, 행복하게 생각해야 할 거라고. 그가 팀을 떠나고 나면 늦는다고.

(23년 9월5일)

LESSON 92

Walk! don't run!

급할수록 돌아가라!

이도류 부활의 지름길

FA 오타니 쇼헤이를 두고 미 미디어에서도 다양한 견해가 엇갈리고 있다. 그런데 오타니 가슴 속에는 이런 문구가 새겨져 있지 않을까.

walk! don't run!
급할수록 돌아가라!

이 문구는 오타니를 드래프트 1순위로 지명한 일본프로야구 니혼햄 파이터스가 작성한 프레젠테이션(presentation) 자료의 핵심 부분이기도 하다. 당시 오타니는 하나마키히가시 고등학교를 졸업한 뒤 곧바로 태평양을 건너 메이저리그에 도전할 희망을 품고 있었다.

니혼햄은 〈오타니 쇼헤이의 '꿈을 위한 이정표'〉라는 제목의 자료를 준비해 국내 리그에 남을 것을 설득했다. 그 자료에서 니혼햄은 노모 히데오, 스즈키 이치로, 다르빗슈 유 등 일본인 메이저리거들의 성공 사례를 소개했다. 고교 졸업 후 메이저리그로 직행하는 것보다 경험을 쌓아 '자신의 야구'를 확립하고 나서 도전하는 것이 선수 생명이 더 길다고 설명했다.

오타니의 목표는 '메이저에 도전하는 것'이 아니라 '메이저에서 성공하는 것'이었다. 니혼햄은 그 목표를 달성하기 위해 서두르지 말고 먼저 일본프로야구를 경험한 뒤 메이저리그에 진출해도 늦지 않다고 설득한 것이다.

"walk, don't run"은 직역하면 '걸어라, 뛰지 마라!'인데 일본 속담의 '急がば回れ(급할수록 돌아가라)'라는 뜻이다. '목표를 달성하려면 끈기 있게 참아라. 돌아가는 것이 성공으로 가는 지름길'이라고 말할 때 사용되는 것이 "walk! don't run!"이다.

SNS에서는 오른쪽 팔꿈치 인대 손상, 옆구리의 통증으로 결장이 이어지는 오타니에게 팬들이 "무리하지 말아줘" "내년, 내후년에 열심히 하면 괜찮아"라고 많은 격려를 전하고 있다.

에이전트 네즈 바레로도 "오타니는 투타겸업(two way play)을 포기하지 않고 있다(he never gives up)"라고 말하고 있다. 이도류 부활을 위해 급할수록 돌아가는 것이 가장 빠른 길(short cut)이란 말이다.

(23년 9월15일)

LESSON 93

Media's sigh

일본 언론인의 한숨

오타니가 있는 한 기삿거리 걱정은 없다

오타니 쇼헤이는 23년 9월16일 에인절스 로커룸에서 모든 짐을 꺼냈다. 페리 미나시안 단장은 "오타니가 오른쪽 팔꿈치 인대 손상으로 수술대에 오른다"고 설명했다. 그다음 날 경기장을 찾은 팬들은 오타니가 더그아웃에서 팀 동료와 담소하는 모습을 보며 흐뭇해했다. 오타니가 아직 에인절스에 미련이 남아 있다는 것이다.

현지 신문은 "오타니 한 명을 취재하기 위해 (에인절스타디움에) 항상 평균 20명 이상의 일본인 기자와 카메라맨이 상주하고 있다. 2018년 오타니의 첫 선발 등판 경기에는 약 120명의 일본인 기자가 경기장에 들이닥쳤다. 원정에도 50여 명이 동행했다"고 적고 있다. 오타니가 팀을 옮기면 일본 미디어는 어떻게 할까.

예를 들어 미나시안 단장이 "오타니가 미네소타 트윈스로 간다"고 발표했다고 치자. 그 순간 20명이 넘는 일본 기자들은 한숨(sigh)을 내쉬며 짐을 싸 세인트폴로 옮겨 새 아파트를 찾게 된다. 애너하임 기자석에는 일본인이 아무도 없게 된다. 신문은 일본 기자의 코멘트도 소개하고 있다.

there is no such thing as too much Ohtani.
오타니 정도의 선수는 그밖에 없다.

오타니가 있는 한 기삿거리가 없어 곤란한 일은 없다는 것이다. 오타니가 빠진 애너하임에 일본인 기자가 사라지게 될까.

(23년 9월18일)

LESSON 94

Rooting on the boys

선수들을 끝까지 응원하다

수술 후 보낸 응원

오타니 쇼헤이가 23년 9월19일 오른쪽 팔꿈치 인대 수술을 마친 직후 팬을 향한 영문 메시지를 인스타그램에 올렸다. 그 일부다.

I had a procedure done on my elbow earlier this morning and everything went very well.
오늘 아침 오른쪽 팔꿈치 치료를 했습니다. 잘됐어요.

메시지에서는 surgery(수술)라고 쓰지 않았다. procedure(치료, 처치)라고 썼다. 오타니는 이어 이렇게 적었다.

It was very unfortunate that I couldn't finish out the year on the field, but I will be rooting on the boys until the end.
본의 아니게 시즌 도중 필드(그라운드)를 떠나게 됐지만, 끝까지 팀을 응원하겠습니다.

rooting on the boys란 직역하면 '소년들을 응원하다'라는 뜻이다. 선수가 남성이라는 점에서 boys는 '동료' '팀원'을 의미하고 있다. root on에는 현지에서 응원한다는 뉘앙스도 있다. 마지막으로 이런 메시지도 남겼다.

I will work as hard as I can and do my best to come back on the diamond stronger than ever. Go Halos!!
지금까지보다 더 강해져 야구장으로 돌아올 수 있도록 전력을 다하겠습니다. 힘내라, 헤일로즈.

Halos(상상 속 천사 머리 위에 떠 있는 빛나는 원형 띠)는 에인절스의 애칭이자 에인절스 팬들을 지칭하는 말.

(23년 9월21일)

LESSON 95

Window dressing

오타니의 연막?

메이저 도전은 에인절스로 정해져 있었어?

에인절스 오타니 쇼헤이가 23년 9월19일 오른쪽 팔꿈치 인대 손상(burn elbow)에 수술을 받았다. 집도의에 따르면 내년 시즌 개막부터 타자로 복귀하고, 25시즌부터는 투타겸업이 가능하다고 한다. 이도류의 부활이다.

향후 재활 추이가 궁금하지만, 미 미디어의 관심은 여전히 FA다. 〈New York Post〉(8월26일자)는 오타니의 메이저리그 도전이 결정된 2017년 오프시즌을 되돌아봤다.

매체는 당시 오타니가 지명타자(DH) 제도가 없던 내셔널리그 4개 구단을 포함해 총 7개 구단을 이적 최종후보(final list)에 올린 것에 대해 "오타니의 window dressing이었다"라는 견해를 내놨다. 투타겸업이 목표인 오타니에게 DH 제도가 있는 아메리칸리그, 그에 더해 온난한 서해안 구단밖에 선택의 여지가 없었을 것이라고 주장했다.

window dressing은 직역하면 '쇼윈도의 장식'. dressing은 '화장의 마무리' '착용'을 말한다. 비즈니스 용어로 window dressing은 '결산대책용으로 치장한다', 즉 '분식회계' '보여주기 위한 행위'라고 쓰인다.

매체는 6년 전 오타니는 처음부터 에인절스로 이적을 결정했고, 단순한 연막(window dressing)으로 7개 구단을 후보로 올린 형태를 취했다는 것이다.

〈New York Post〉는 이번 오프시즌 FA에서도 오타니가 이미 이적 구단을 결정하고도 연막(window dressing)으로 입을 다물고 있다고 말하고 싶을지도.

(23년 9월22일)

LESSON 96

Ohtani was done for 2023

오타니의 2023년은 끝났다

그리고 다시 시작되는 진격

Ohtani was done for 2023.

이런 구절로 미 미디어가 오타니의 올시즌(23년) 마지막을 표현하고 있다.

뭐라고 슬퍼할 일은 아니다. done이란 '끝났다' '완료됐다' '거래 종료' '임무가 끝나는'을 나타내는 동사, 과거 분사, 형용사다. 같은 '끝'을 뜻하는 영어로는 finish, over, through, end 등이 있지만 상황에 따라 사용법이 달라진다. 비즈니스 회화에서 "you have done good job!"이라고 하면 "일 잘 했어! (수고했다는 의미도)".

골프 무대에서 쓰이기도 했다. 22년 미국여자프로골프투어(LPGA)에서 뛰던 한국의 미인 골퍼 최나연이 은퇴를 결정하고 치른 마지막 대회 마지막 홀에서 티샷을 날렸을 때다. 같은 조에 함께한 후배 양희영이 "you have done good job!"이라는 말을 건네자 눈물을 흘렸다.

"Have you done?"은 "일이 끝났어?"의 의미. 80년대 중반 뉴욕의 도서관에서 작가 다치바나 다카시와 자료를 copy(복사)하고 있을 때 뒤에 서 있던 중년 남성으로부터 "Are you through? (끝났습니까?)"라고 정중한 느낌으로 들은 적도 있었다. 레스토랑 주방에서 done은 음식이 나오기 직전의 상태. 스테이크 주문 시 쓰는 well done도 자주 듣는 말이다. We are done은 남녀 사이에서 쓰이기도 한다.

미디어에 따르면 집도의는 오타니의 몸상태에 대해 이런 말을 남겼다.

(he has) done as a pitcher for 2023, though he's expected to be able to hit next season.

2023년 투수로서 역할은 끝났지만, 타자로서는 내년 시즌(24년) 개막전부터 아무런 제한 없이(without any restrictions) 타석에 설 수 있다.

(23년 9월25일)

LESSON 97

Here's the skinny

극비정보

부상에도 변하지 않는 오타니의 가치

미 미디어는 특히 시즌 막바지에 '극비정보'로 불리는 특종 전쟁을 벌인다.

'극비'라고 하면 secret, confidential, classified라는 문구가 떠오르지만, 미 스포츠 사이트 〈Bleacher Nation〉의 마이클 세라미 기자는 23년 9월18일 기사에서 이런 문구를 썼다.

here's the skinny

skinny는 보통 '깡마른 뼈와 가죽만 있는 몸상태'로 해석되나 또 하나 '극비정보' '내부정보' '진상'을 가리키는 비속어다.

기자는 이 문구 앞에 "독자도 아실지 모르지만 만약을 위해(just in case)"라고 전제했다. 그는 "(입수한) skinny에 따르면 시즌 종료 뒤 FA가 되는 오타니는 MLB 역사에서도 손꼽힐 금액을 받을 것으로 보인다(by far the highest paid and most anticipated FA)"라며 "금액도 4억 달러부터 시작해 금세 5억 달러가 되고, 6억 달러대까지 치달았다. 중요한 건 아무도 이 숫자가 너무 높다고 생각하지 않는다는 점이다"라고 썼다(오타니는 다저스와 10년 7억 달러 FA계약).

오타니가 오른쪽 팔꿈치 인대 손상 부상으로 수술을 받아 가치가 떨어졌다는 보도도 있지만 높은 평가는 변하지 않는다는 것이다.

기사 중 by far는 '단연' '압도적' 등 무엇인가를 강조할 때 사용하는 부사. so far는 '지금까지는' '종전'이라는 의미로, "so far, so good"이라고 하면 '지금까지는, 매우 좋다'가 된다.

(23년 9월29일)

LESSON 98

Move heaven and earth

전력을 다하다

오타니를 위한 보금자리 마련

Move heaven and earth.

직역하면 '하늘과 땅을 움직여라'가 되지만 여기서 의미는 '목적을 달성하기 위해 뭐든지 한다'다. 관용구다. 영어사전에 "you should move heaven and earth to see aurora(오로라를 보기 위해 전력을 다해야 한다)"라는 예문이 있었다.

이 문구는 미국 스포츠 사이트 〈Bleacher Nation〉 기사에 등장했다. FA인 오타니 쇼헤이를 두고 "모 구단이 그를 위한 자리를 마련하기 위해 전력을 다하려 한다(move heaven and earth to make room for him)"고 썼다.

여기서 모 구단은 바로 보스턴 레드삭스다. 오타니 영입을 위해 레드삭스는 9월 하임 블룸 운영부문 사장을 해임했다. 오타니 영입을 위한 인사발령이라고 추측되고 있다. make room for him은 '그를 위해 자리를 마련하다'.

미 미디어는 오타니가 일본과 가까운 서해안에서 뛰길 원한다고 보고 있다. 보스턴은 동부 해안에 위치한 도시로 미 서부에서 가장 먼 곳이다. 이를 두고 '오타니의 변심(thinking change)'이라고 풀이하는 매체도 있다.

'move heaven and earth'를 확대 해석하자면 '하늘(heaven)에 계신 하나님 부처님뿐 아니라 지상 지하(earth)에 있는 염라님과 악마를 총동원해서라도 오타니를 차지하려고 안간힘을 쓰고 있는' 것인지도.

(23년 10월6일)

LESSON 99

Be there!

현장으로 가라!

통역이 전한 오타니의 컨디션

21년 9월3일 텍사스 레인저스와의 경기에서 오타니는 메이저리그 개인 최다인 117개의 공을 던졌다. 마지막 3구도 시속 99마일(약 159㎞)을 찍었다. 경기는 에인절스의 3-2 승리로 끝났고, 오타니는 시즌 9승째를 거뒀다. 〈AP통신〉에 따르면 매든 감독은 이날 경기 후 통역을 통해 오타니에게 "내일은 타석에 설 수 있겠느냐"고 물었다. 매든 감독은 오타니가 선발 등판으로 온몸에 통증(sore)과 피로를 느낄 뿐 아니라 (타자와 상대하며) 심력을 소모한 점을 고려해 직접 출장 의사를 확인한 것이다.

미디어는 "매든 감독이 오타니의 다리가 심한 피로(tiredness) 탓에 젤로(jell-o)처럼 흐물흐물한 상태가 아닌가(his legs are going to feel like jell-o)하고 걱정했다"고 보도했다(jell-o는 미국에서 인기 있는 젤리식품으로 일본식으로는 곤약처럼 심이 없는 상태를 의미).

오타니가 통역 미즈하라 이페이를 통해 전한 대답이 이거다.

he wants to be in there!

직역하면 '그는 거기(there)에 있고 싶다' '그 안(in there)에 있고 싶다'. 즉 오타니는 경기에 나가고 싶다고 대답한 것이다. 오타니는 there, 즉 그라운드에 있는 것(경기 출장)을 원한 것이다.

there에 관해서는 be there라는 중요한 문구도 있다. 직역하면 '현장으로 가라'는 뜻. 이 문구가 유명해진 것은 전설적인 스포츠 기자 레드 스미스(1905~1982) 때문이다.

그는 베이브 루스가 사망한 날(1948년 8월16일)을 그리는 등 수많은 기사를 남겼고 1976년 퓰리처상을 받았다. 젊은 기자가 "어떻게 하면 좋은 기사를 쓸 수 있을까요?"라고 묻자 그는 "be there"이라고 한마디로 답했다고 한다. 직역하면 '거기에 있어라'지만 핵심은 '현장에 머물러라'는 것이 아닐까.

(23년 10월13일)

LESSON 100

catch 17

오타니 트레이드 딜레마

원래는 전쟁영화의 제목

난해한 숫자의 수수께끼 풀이로 보이지만, 등번호 17의 오타니 트레이드를 둘러싼 각 구단의 '어쩔 수 없는 상황' '딜레마' '벽 사이에 끼어 옴짝달싹 못 하는 상태' 등을 표현하는 슬랭(slang)이다.

이 문구의 유래는 미국 작가 조지프 헬러의 전쟁문학으로, 70년 영화화된 〈catch 22〉 (감독 마이크 니콜스)다. 문구는 제2차 대전 중 공군부대 규칙(22항)에서 유래됐다. 한 병사가 '정신이상이면 전투에 임할 수 없지만 스스로 정신이상이라고 신고하면 제정신으로 간주 돼 계속 싸울 것을 명령받는다'는 딜레마에 직면하면서 이 문구가 생겨났다.

오타니 쇼헤이의 거취를 놓고 〈catch 22〉를 인용해 'catch 17'이라고 처음 쓴 사람이 미 매체 〈Fan Nation〉의 제프 스나이더 기자다. 그는 22년 말 오타니 트레이드 관련해 이렇게 썼다.

"(팀 전력을 상승시킬 아주 뛰어난 선수임이 분명한) 한 선수(오타니)를 잡기 위해, 최악의 경우 그 선수가 1년 안에 팀을 떠나거나 다쳐서 시즌 아웃이 될 수 있는데(that guy leaves after one year, or even worse, get hurt)도 불구하고 트레이드하게 되면 팀과 팜 육성 노력은 마비(cripple)된다. 바로 'catch 17'이라는 딜레마다."

오타니 트레이드를 두고 장단점을 가늠하면 할수록 고민이 깊어진다는 것이다.

이 딜레마, 벽 사이에 끼어 있는 상태(catch) 등을 가리키는 비속어인 'catch 22'라는 말이 미국 사회에서 자리 잡은 곳이 7080년대 뉴욕 등 대도시다. 회사나 바 카운터 등에서 인텔리로 보이는 젊은 남녀가 "I am in a catch 22 situation (이러지도 저러지도 못하는 상황이에요)"라고 속삭인 것에서 시작됐다고 한다.

일본에서는 친한 메신저 친구 사이에 쓸 수 있을지도.

(23년 10월20일)